Studio 1

Clive Bell and Anneli McLachlan

www.pearsonschools.co.uk

✓ Free online support
✓ Useful weblinks
✓ 24 hour online ordering

0845 630 33 33

Heinemann
Part of Pearson

D1649630

Heinemann is an imprint of Pearson Education Limited, a company incorporated in England and Wales, having its registered office at Edinburgh Gate, Harlow, Essex, CM20 2JE. Registered company number: 872828

www.pearsonschoolsandfecolleges.co.uk

Heinemann is a registered trademark of Pearson Education Limited

Text © Pearson Education Limited 2010

First published 2010

17
14

British Library Cataloguing in Publication Data
A catalogue record for this book is available from the British Library.

ISBN 978 0 435 02696 7

Edited by Tracy Traynor
Designed by Emily Hunter-Higgins
Typeset by HL Studios
Original illustrations © Pearson Education Limited 2010
Illustrated by The Bright Group (Jake Lawrence), KJA Artists (Caron), Emily Hunter-Higgins and Paul Hunter-Higgins
Cover design by Emily Hunter-Higgins
Picture research by Rebecca Sodergren
Front cover and audio CD cover photos © Getty Images: Eloy Ricárdez Luna, Photographers Choice; Pearson Education Ltd / Sophie Bluy; PhotoDisc; Shutterstock: Dibrova, Ints Vikmanis, Dmitriy Shironosov
Printed and bound in Great Britain by Bell & Bain Ltd, Glasgow

Audio recorded by Footstep Productions Ltd (Colette Thomson, Len Brown, Andy Garratt and Sophia Garrido; voice artists: Arthur Boulanger, Lisa Bourgeois, Felix Callens, Juliet Dante, Kathinka Lahaut, Mathew Robathan, Tunga-Jerome Şen, Charlotte Six).

Songs composed and produced by www.tomdickanddebbie.co.uk (singers: Felix Callens, Melody Sanderson, Amy Thompson, Maxime Turner).

Acknowledgements
The authors and publisher would like to thank the following people for their invaluable help in the development and trialling of this course:
Niku Archer; Melanie Birdsall; Florence Bonneau; Julie Bouhours; Colin Christie; Sylvie Fauvel; Nathan Geronimi; Stuart Glover and pupils at Beaufort Community School in Gloucester; Rosie Green and pupils at Highcrest Community School in High Wycombe; Kate Heery; Howard Horsfall and pupils at Dronfield Henry Fanshawe School in Dronfield; Isabelle Porcon; Helen Ryder; Fabienne Tartarin; Sabine Tartarin and Aliya Yule.

The authors and publisher would like to thank the following for permission to reproduce copyright material in this book:

Disney p.6; Les Editions Albert Rene / Goscinny-Uderzo p.7; Herge / Moulinsart p. 7; Parc Astérix p.69; Éditions First http://www.editionsfirst.fr p.112; http://www.wordle.net p.125

The authors and publisher would like to thank the following individuals and organisations for permission to reproduce photographs:

(Key: b-bottom; c-centre; l-left; r-right; t-top)

Alamy Images: Anders Blomqvist 9r, conmare GmbH 17tl, Daniel Valla FRPS 59tl, dbimages 9l, Directphoto.org 78/e, foodfolio 36/b, 36/j, foodfolio 36/b, 36/j, Nick Hanna 96/e, Hoberman Collection UK 40tl, Peter Huggins 36/a, Image Source 54/4, imagebroker 12, Janine Wiedel Photolibrary 63, Wolfgang Kaehler 29cr, Art Kowalsky 79, National Geographic Image Collection 109t, James Poots 48bl, UberFoto 56/c, Jim West 42/e; **ArenaPAL:** ArenaPAL / TopFoto.co.uk 59tr; **Bridgeman Art Library Ltd:** The Tropics (oil on canvas) by Rousseau, Henri J.F. (Le Douanier) (1844-1910) Private Collection 115, Henri Rousseau's Dream, 1997 (oil & tempera on panel) by Broomfield, Frances (Contemporary Artist) Private Collection / Frances Broomfield / Portal Gallery, London 114t; Corbis: 96/d, Design Pics 30r, Doable / amanaimages 54/2, Steve Lupton 36/i, 37cl, Don Mason 54/6, Robert Harding World Imagery 108b, Ronald Wittek 109b, Kiyomi Yamaji 76/a; **Digital Vision:** 110l, 111; **Footstep Productions Ltd:** 78/g, 95br; **Getty Images:** AFP 42/C, Rene Gabalda 53/d, Lluis Gene 90/b, NBAE / Kerre Randel 53/e, Pascal Pavani 48tr, Joel Robine 69br, Abdelhak Senna 49tr, John Terrance Turner 62, Roger Viollet 113, Darren Walsh / Chelsea FC 53/c, Workbook Stock 42/d; **GNU license:** Ash Crow 17cl; **Images of France:** 68br; **iStockphoto:** Helder Almeida 114bc, ArtmannWitte 11/e, Eileen Hart 114br, kate_sept2004 9cr, Leigh Schindler 9cl, Tracy Whiteside 19tc (2); **Les Editions Albert Rene / Goscinny-Uderzo:** 7cr **Moulinsart:** Herge / Moulinsart 7c; **Pearson Education Ltd:** Chris Parker 19tr, Clark Wiseman / Studio 8 19tl, 8br, 74tr, Grand Canyon National Park 11/a, Jules Selmes 6bl, 11/b, 74tc, 76/b, 76/d, 76/f, 89cr, 95/a (1), 95/a (2), 95/b, 95/d, 95/f, 95/g; Calliste Lelliott: 10tl, 10tr, 10cl, 10cr, 50tc, 56/f, 97; Servane Jacob: 8tl, 8tc, 8bl, 8bc; **Pearson Education Ltd / Sophie Bluy:** 7, 7bl, 26tl, 26bl, 27cr, 29tc, 29tr, 29c, 32/1, 32/2, 32/3, 32/4, 32/5, 32/6, 32/7, 34/1, 34/2, 34/3, 34/4, 34/5, 34/6, 34/7, 34/8, 36/d, 37tl, 42/f, 49bl, 50tr, 51, 52tl, 56/a, 56/b, 56/d, 56/e, 56/g, 56/h, 69bl, 78/a, 78/b, 78/c, 78/d, 78/f, 78/h, 78/i, 84, 94, 98l, 98r, 114bl, 119, 123, 127; **PhotoDisc:** 20/d, 68tr, 69c, 69cl, 90/a, 95/c; **Photolibrary.com:** age fotostock 20/c, Keith Brofsky 96/b, Corbis 96/c, FoodCollection 36/c, 36/f, FoodCollection 36/c, 36/f, Foodfolio 103c, Image Source 96/a, Imagesource 68cl, Imagestate RM 6cl, Jutta Klee 89tl, Marie-Reine MATTERA 27bl, MBI 54/5, Photononstop 6tr, Pixtal Images 42/b, Radius Images 20/e, Rene Mattes 82, Rubberball 19tc (1), Pete Saloutos 54/1, Mark Edward Smith 108c, Stockbroker 78/j, Debi Treloar 103tc; **Photos.com:** 89br; **Press Association Images:** ABACA 63/b, Jacques Brinon 88cr, DPA 54/3; **Reuters:** 76/c; **Rex Features:** 9bc, Radhika Chalasani 40cr, Paul Cooper 52cr, Design Pics Inc 52tc, Francois Durand 20/a, Geoff Robinson 88bc, Sipa 53/a, 76/e, Woman's Weekly 42/a; **Shutterstock:** 32560591 11cr, 109c, Alice 11/d, Korovin Vitaly Anatolevich 108t, Angela Luchianiuc 95/e (2), Blacqbook 29tl, Dan Breckwoldt 69cr, candycatdesigns 11cl, 20/f, coka 15, Duncan Gilberts 103cl, Joshua Haviv 90/e, Rafa Irusta 36/g, jan kranendonk 69tc, Geoffrey Kuchera 110r, Leian 95/h, Liz Van Steenburgh 121, Lush 36/e, Robyn Mackenzie 36/h, Michelle D. Milliman 11/c, Monkey Business Images 8tr, Monkey Business Images 74tl, ollirg 90/c, Patrick Duinkerke 11tr, PhotoBarmaley 90/f, Piotr Skubisz 95/e (1), RamonaS 30c, Christophe Robard 103tl, Roland Rehak 11tl, Mario Savoia 69tl, Dmitriy Shironosov 96/f, Sirko Hartmann 20/b, STILLFX 11cr, Dani Vincek 90/d, YellowPixel 11tc; **Thinkstock:** 29cl, 52tr.

All other images © Pearson Education Limited

Websites
The websites used in this book were correct and up-to-date at the time of publication. It is essential for tutors to preview each website before using it in class so as to ensure that the URL is still accurate, relevant and appropriate. We suggest that tutors bookmark useful websites and consider enabling students to access them through the school/college intranet.

Tableau des contenus

Did you know that French ...

... is spoken by 270 million people worldwide and is the official language of 30 countries?

... was the official language in England for 300 years? If you'd been born in 1100, you might have spoken French with your friends!

France is the number one tourist destination in the world. The most visited tourist site is Disneyland® Paris.

People call France 'l'Hexagone'. Why do you think this is?

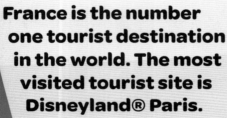

53 million people in France have a mobile phone. More than enough for you to phone one up.

In France under 14s change their mobile every nine months.

French people love cartoon books – known as *les bandes dessinées* or *les BD*.

Can you name these French cartoon characters?

© Hergé/Moulinsart 2010

© 2010 LES ÉDITIONS ALBERT RENÉ / GOSCINNY-UDERZO

If French people know each other well, they kiss each other on each cheek once, twice or up to four times to say hello and goodbye! If they know each other less well, they tend to shake hands.

In France people celebrate their name day if they have been named after a saint.

Mon autoportrait

- Talking about likes and dislikes
- Using regular –er verbs (je, tu, il/elle)

Écoute. Qui est-ce? (1–6)
Listen. Who is it?
Exemple: **1** Olivia

 Accès Studio p6

Alex, 12 ans

👍 *les consoles de jeux, le sport, les pizzas.*

👎 *le racisme, le hard rock.*

Samira, 13 ans

👍 *les animaux, les voyages.*

👎 *le foot, la danse, l'injustice.*

Samuel, 13 ans

👍 *les mangas, la tecktonik.*

👎 *le tennis, les chiens, la Nintendo DS.*

Marielle, 12 ans

👍 *les chats, les spaghettis.*

👎 *le rugby, les reptiles.*

Hugo, 14 ans

👍 *la musique, le roller.*

👎 *les insectes, les jeux vidéo, les maths.*

Olivia, 12 ans

👍 *les weekends, le cinéma.*

👎 *le rap, la violence.*

 Accès Studio p14

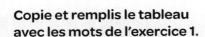
👍 J'aime …
👎 Je n'aime pas …

Copie et remplis le tableau avec les mots de l'exercice 1.
Copy the grid and fill it in using the words in exercise 1.

Words I know	English	Words I can guess	English

En tandem. Pose cinq questions à ton/ta camarade.
Pairwork. Ask your partner five questions.

- ● *Tu aimes … (le foot, la danse, les consoles de jeux , le sport, la musique)?*
- ■ *Oui, j'aime ça./ Non, je n'aime pas ça.*

You can ask questions using intonation just by making your voice go up at the end.

Tu aimes … ?

Studio Grammaire

	the
masculine	le
feminine	la
before vowel or silent h	l'
plural	les

 Accès Studio p12

4

Qu'est-ce qu'ils mentionnent? Écoute et écris leurs opinions. (1–5)

Listen and note what the people mention and their opinions.

Exemple: **1** sport, b

a C'est génial. ★★★★★

b C'est cool. ★★★★☆

c C'est bien. ★★★★☆

d C'est ennuyeux. ★★☆☆☆

e C'est nul. ☆☆☆☆☆

Studio Grammaire » Page 22

Most verbs end in **–er** in the dictionary, e.g. aim**er**. For the present tense, you replace the **–er** ending like this:

j'aim**e**	I like
tu aim**es**	you like
il/elle aim**e**	he/she likes

To make a verb negative, use **ne ... pas** around the verb.

je **n'**aime **pas**   I don't like

5

En tandem. Pose des questions à ton/ta camarade.

Pairwork. Ask your partner questions.

● *Tu aimes ... (le foot, le sport, le cinéma, les animaux, la musique)?*
■ *Oui, j'aime ça. C'est génial/cool/bien.*
  Non, je n'aime pas ça. C'est ennuyeux/nul./Ce n'est pas bien.

6

Lis et réponds aux questions.

Read the texts and answer the questions.

Exemple: **1** Mo

 Mo
 Chloé
 Lucas
 Morgane

Who ...
1 doesn't like TV?
2 likes cakes?
3 doesn't like spiders?
4 doesn't like sport?
5 likes reggae?

J'aime la poésie et aussi les livres, mais je n'aime pas la télé. C'est nul.

J'aime le skate et aussi le reggae, c'est cool! Mais je n'aime pas les araignées.

J'aime les gâteaux et aussi la capoeira, mais je n'aime pas le théâtre. C'est ennuyeux.

J'aime les animaux et la musique, mais je n'aime pas le sport. C'est nul.

7

Choisis cinq personnes célèbres. Décris leurs préférences.

Choose five famous people. Write about their likes and dislikes.

Exemple:

Barack Obama aime la musique et aussi les livres, mais il n'aime pas l'injustice.

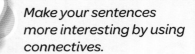

Make your sentences more interesting by using connectives.

et	and
aussi	also
mais	but

1 C'est quel sac? Écoute et écris les bonnes lettres. (1–4)

Listen and write the correct letters.

Exemple: **1** b

Accès Studio p10

Qu'est-ce que tu as dans ton kit de survie?

Dans mon kit de survie, j'ai...

Studio Grammaire » Page 22

avoir (to have) is an irregular verb – it doesn't follow the **–er** verb pattern.

j'**ai**	I have
tu **as**	you have
il/elle **a**	he/she has

a un portemonnaie
des chips
une gourde
une barre de céréales

b une clé USB
un appareil photo
un portable
un MP3

c des kleenex
des clés
un bâton de colle
une trousse avec des surligneurs fluo

d un paquet de mouchoirs
un miroir
un magazine
des lunettes de soleil

Studio Grammaire » Page 44

Qu'est-ce que ... ?	**What** ... ?
Qu'est-ce que tu as dans ton kit de survie?	What do you have in your survival kit?
Qu'est-ce que tu aimes?	What do you like?

The definition of a **noun** in a French–English dictionary will look like this:

compas / kɔ̃pa / nm **1** compass

This phonetic version helps you to pronounce the word properly.

n noun | **m** masculine

Accès Studio p18

2 Copie et remplis le tableau avec les noms de l'exercice 1. Fais attention au genre des noms!

Copy the grid and fill it in using the nouns from exercise 1. Take care with the genders.

	singular		plural	
masculine	**un** portemonnaie	a purse	**des** chips	some crisps
feminine	**une** gourde	a water bottle		

3 En tandem. Pose des questions à ton/ta camarade.

● *Qu'est-ce que tu as dans ton kit de survie?*
■ *Dans mon cartable/sac, j'ai ... (un livre)/je n'ai pas de ... (livre).*
● *Tu as un/une/des ...?*
■ *Oui, j'ai .../Non, je n'ai pas de ...*

4 Écoute et mets les objets dans l'ordre d'importance pour Renaud. (1–6)

Listen and put the objects in order of importance for Renaud.

Exemple: **4** d

a = essentiel
b = très, très important
c = très important
d = important
e = pas très important
f = pas du tout important

très	*very*
pas du tout	*not at all*

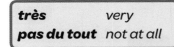

1 **un** crayon

2 **un** MP3

3 **une** règle

4 **un** portable

5 **une** calculatrice

6 **un** stylo

5 En tandem. Mets les objets dans ton sac dans l'ordre d'importance pour toi. Compare avec ton/ta camarade.

Pairwork. Put the things in your bag in order of importance for you. Compare lists with your partner.

Exemple: **1** Dans mon kit de survie, j'ai un portable. Pour moi, c'est essentiel.

6 Fais une liste en anglais du kit de survie de Zahra.

Make a list in English of what's in Zahra's survival kit.

> Mon kit de survie, Zahra, 12 ans
> Dans mon sac, j'ai une trousse. J'ai des crayons, des crayons de couleur et des feutres. J'ai une gomme et un bâton de colle. J'ai aussi un portable. Pour moi, un portable, c'est essentiel. J'ai une gourde et un sandwich, mais je n'ai pas de bonbons.

des feutres	*felt-tip pens*

7 Choisis un contexte. Utilise un dictionnaire et prépare ton kit de survie.

Choose a context. Use a dictionary to prepare your survival kit.

Exemple:

> Dans mon kit de survie pour le camping, j'ai une corde, une tablette de chocolat, un sac de couchage, une tente et un pull.

e le football

b la ville

c la soirée pyjama

d la plage

a le camping

- Describing yourself
- Understanding adjective agreement (singular)

1 Écoute. Qui est-ce? (1–9)

Exemple: **1** Yanis

Frank

Je suis branché.

Yanis

Je suis charmant.

Valentin

Je suis gentil.

Nicolas

Je suis drôle.

Nassim

Je suis modeste.

Ophélie

Je suis curieuse.

Samira

Je suis polie.

Malika

Je suis intelligente.

Luna

Je suis généreuse.

2 Écoute et écris les bonnes lettres pour Abdel (a, b ou c). (1–3)

Listen and write the correct letters for Abdel (a, b or c).

DÉCRIS-TOI. TU TE CONNAIS BIEN?

Choisis les bonnes options.

1 a Je suis très modeste.
b Je suis assez modeste.
c Je ne suis pas modeste.

2 a Je suis très drôle.
b Je suis assez drôle.
c Je ne suis pas drôle.

3 a Je suis très intelligent(e).
b Je suis assez intelligent(e).
c Je ne suis pas intelligent(e).

! *Use intensifiers to make sentences more interesting.*

très very

assez quite

Studio Grammaire » Page 23

Most adjectives have a different feminine form.

masculine	feminine
branché	*branché**e***
poli	*poli**e***
intelligent	*intelligent**e***
charmant	*charmant**e***
curieux	*curi**euse***
généreux	*génér**euse***
gentil	*genti**lle***
modeste	*modeste*
drôle	*drôle*

En tandem. Fais le quiz. Demande si ton/ta camarade est d'accord.

Pairwork. Do the quiz. Ask your partner if he/she agrees with your answers.

Exemple:

● **1** *Je suis très modeste. Tu es d'accord?*

■ *Oui, je suis d'accord. Tu es …*

■ *Non, je ne suis pas d'accord. Tu n'es pas …*

> **Accès Studio p26**

> **Tu es d'accord?** – *Do you agree?*
> **Je suis d'accord.** – *I agree.*
> **Je ne suis pas d'accord.** – *I don't agree.*

Studio Grammaire ≫ Page 22

être (to be) is an irregular verb.

je **suis**	I am
tu **es**	you are
il/elle **est**	he/she is

Lis le texte et termine les phrases en anglais.

Read the text and complete the sentences in English.

Je suis gentil et je suis très curieux. Je suis aussi généreux et je suis assez intelligent. Être intelligent, c'est important pour moi.
Mais je ne suis pas très branché. Être branché, ce n'est pas très important pour moi.
J'aime la musique et les mangas. Je n'aime pas les spaghettis!
Maurice

1 Maurice is nice and very …
2 He is also generous and quite …
3 For Maurice, being trendy is not very …
4 Maurice likes …
5 Maurice doesn't like …

Lis le texte. Vrai (V) ou faux (F)?

Read the text. True or false?

Exemple: **1** V

Mon amie Surya est gentille et assez polie. Elle est aussi très modeste. Elle n'est pas impatiente et on est toujours d'accord! Elle aime la musique classique. Elle aime aussi la danse, mais elle n'aime pas le rap.

1 Surya est gentille.
2 Surya n'est pas polie.
3 Surya est aussi très modeste.
4 Elle est impatiente.
5 Elle n'aime pas la musique classique.
6 Elle n'aime pas le rap.

Décris-toi et un copain/une copine.

Describe yourself and a friend.

Je suis très …
… et je suis aussi …
Je suis assez …
… mais je ne suis pas …
Mon ami(e) X est très …
Il/Elle est aussi assez …
… mais il/elle n'est pas …

- *Talking about other people*
- *Understanding adjective agreement (plural)*

1 **Écoute. Qui est-ce? (1–5)**

Exemple: **1** Setsuko

Accès Studio p16

Baptiste   **Setsuko**   **Ludo**   **Marina**   **Youssef**

Studio Grammaire ≫ *Page 23*
You add **–s** to adjectives when they are used with a plural noun.
*Il a les yeux bleu**s** et les cheveux noir**s**.*

C'est un garçon. Il a ...   *les yeux bleus/verts/gris/marron.*
C'est une fille. Elle a ...   *les cheveux longs/courts/mi-longs.*
    frisés/raides/blonds/bruns/noirs/roux.
Il/Elle est ...   *grand(e).*
    petit(e).
    de taille moyenne. (average height)

2 **En tandem. Pose des questions à ton/ta camarade. Qui est-ce?**

Pairwork. Ask your partner questions. Who is it?

Exemple:

- ● *C'est un garçon?*
- ■ *Oui/Non.*
- ● *Il/Elle a les cheveux courts?*
- ■ *Oui/Non.*
- ● *Il/Elle a les yeux bleus?*
- ■ *Oui/Non.*
- ● *C'est ... ?*
- ■ *Oui, c'est ...*

Bruno   **Léo**   **Francine**

Karine   **Célia**

3 **Écoute et chante.**

Listen and sing along.

les sorties	outings
sur lui	on him

Refrain
Timothy, Timothy, il est ton ami,
Timothy, Timothy, ton ami pour la vie!

Mon ami Timothy habite à Tahiti.
Il aime la géographie et le rugby.

Refrain

Mon ami Timothy adore les spaghettis.
Il est très modeste et il est assez poli.

Refrain

Mon ami Timothy a un kit de survie.
Il a toujours du chewing-gum sur lui.

Refrain

Mon ami Timothy a les cheveux longs.
Il est assez petit et a les yeux marron.

Refrain

Mon ami Timothy aime les sorties.
Il aime son chien Kosto et les reptiles aussi.

Lis la chanson et corrige les erreurs dans les phrases.

Read the song and correct the errors in the sentences.

1 Timothy lives in ~~France~~. *Tahiti*
2 He loves pizza.
3 He is quite rude.
4 He has short hair.
5 He is tall.
6 He dislikes outings.

Studio Grammaire

 Page 23

The words for 'my' and 'your' are different depending on whether the noun is masculine, feminine or plural.

	masculine	feminine	plural
my	*mon père*	*ma mère*	*mes parents*
your	*ton père*	*ta mère*	*tes parents*

Lis le blog et copie et remplis le tableau.

Read the blog and copy and complete the table.

Arthur

Mon frère s'appelle Antonin. Il a les cheveux courts et bruns. Il a les yeux verts. Il est assez grand. Mon frère est curieux et il est aussi très généreux.

Ma sœur s'appelle Léa. Elle est de taille moyenne. Elle a les cheveux longs, blonds et frisés. Elle a les yeux bleus. Ma sœur est intelligente, mais elle n'est pas branchée.

Mon père s'appelle Cédric. Il est très grand. Il a les cheveux gris et courts et il a les yeux bleus. Mon père est drôle et il est assez gentil, mais il n'est pas modeste.

name	relationship to Arthur	height	hair	eyes	personality
Antonin	brother				

Choisis un membre de ta famille et écris sa description.

Choose a member of your family and write his/her description.

Mon … s'appelle …
Il est …
Il a les cheveux …
et il a les yeux …
Mon … est …
… et il est assez …
mais il n'est pas …

Ma … s'appelle …
Elle est …
Elle a les cheveux …
et elle a les yeux …
Ma … est …
… et elle est assez …
mais elle n'est pas …

mon père
mon frère
mon oncle
mon grand-père

ma mère
ma sœur
ma tante
ma grand-mère

Il est hypercool!

- Describing a musician
- Using the present tense (je, tu, il/elle)

1 Écoute et mets les phrases dans le bon ordre.

Listen and put the sentences in the right order.

Exemple: **b**, ...

a Il s'appelle Cool Boy!

b Il a les cheveux blonds!

c Il aime le R&B!

d Il est cool et beau!

e Elle aime le rock 'n' roll!

f Elle est très belle!

g Elle s'appelle Pink Chick!

h Elle a les cheveux roses!

| **beau/belle** | good-looking/beautiful |

2 Écoute et répète aussi vite que possible.

Listen and repeat as quickly as possible.

un beau gâteau dans un beau château, un beau gâteau dans un beau château ...

! **eau** *is pronounced differently from the English 'oh'. Make an O shape with your mouth. Now say 'oh' without moving your lips or your tongue!*

3 Décris les deux chanteurs. Utilise les informations du tableau.

Describe the two singers. Use the information in the table.

Exemple: Il/Elle s'appelle ...   Il/Elle aime ...
Il/Elle est ...   Il/Elle a ...

1 Soul Man

2 Hip Gal

Studio Grammaire

» Page 22

Use verbs correctly to describe yourself and others:

j'aime	*je m'appelle*	*je suis*	*j'ai*
tu aimes	*tu t'appelles*	*tu es*	*tu as*
il/elle aime	*il/elle s'appelle*	*il/elle est*	*il/elle a*

Accès Studio p4

	Soul Man	**Hip Gal**
music	*soul*	*hip-hop*
looks	*cool/beau*	*belle*
hair	*noirs*	*blonds*

4 Invente un chanteur/une chanteuse et décris-le/la. Dessine-le/la.

Invent a singer and describe him/her. Draw him/her.

5 **Lis le texte et remplis les blancs avec les verbes de la case.**

Read the text and fill in the gaps with the verbs from the box.

▶ **Lou-Lou3**

J'adore Leïla. **1** [____] sa voix. Elle est magique.
2 [____] comme un ange. Elle est vraiment super.
Et **3** [____] belle aussi. Elle a les cheveux mi-longs et bruns.
4 [____] les yeux marron.
Elle est de taille moyenne. Elle a beaucoup de talent, mais elle est assez modeste.
5 [____] la musique, mais elle aime aussi la cuisine et l'histoire.
Bravo, Leïla. **6** [____] cool!

elle est	Elle a	J'adore	Elle chante	Tu es	Elle aime

sa voix *her voice*

6 **Lis la page web. C'est Adrien, Karim ou Félix? Écris les bons noms.**

Read the web page. Is it Adrien, Karim or Félix? Write the correct names.

Exemple: **1** Adrien

▮▮▮ LES GROUPES FRANÇAIS

LESGROUPES   **LES**PROFILS   **LE**SHOP

BB BRUNES
Qui joue dans les BB Brunes?

Il s'appelle Adrien. Il chante et il joue de la guitare. Il aime le rock 'n' roll. Il est cool.

Il s'appelle Karim. Il joue de la batterie. Il a les cheveux bruns. Il est beau.

Il s'appelle Félix. Il joue de la guitare. Il aime le punk-rock. Il a beaucoup de talent.

1 Il chante.
2 Il joue de la batterie.
3 Il aime le punk-rock.
4 Il est cool.
5 Il est beau.
6 Il a les cheveux bruns.
7 Il aime le rock 'n' roll.
8 Il a beaucoup de talent.

7 **Écris une page web pour un musicien (réel ou imaginaire).**

Write a web page for a musician (real or imaginary).

- Say which musician you like.
- Explain what he/she does (e.g. sings, plays guitar).
- Say what he/she looks like (e.g. hair colour, good-looking/beautiful).
- Say what kind of music he/she likes.
- Give your opinion.

8 **Vérifie le texte de ton/ta camarade.**

Check your partner's text.

- Spelling
- Verb endings (e.g. il/elle s'appelle)
- Adjective endings (e.g. beau/belle)

Unité 1

I can

- ☐ use regular –er verbs (*je, tu, il/elle* forms):   *J'aime les chats.*
  Tu aimes les spaghettis?
  Il/Elle aime le foot.
- ☐ use *ne ... pas*:   *Je n'aime pas le rugby, les reptiles, ...*
-     use the connectives *et, mais* and *aussi*:   *J'aime le skate et aussi le reggae, mais je n'aime pas les araignées.*

Unité 2

I can

-     talk about what is in my survival kit: *J'ai un portable.*
- ○ say what is important to me: *Un portable, c'est important pour moi.*
- ☐ use *Qu'est-ce que ...* :   *Qu'est-ce que tu aimes?*
  Qu'est-ce que tu as dans ton kit de survie?
- ☐ use *avoir* (*je, tu, il/elle* forms):   *J'ai une gomme et un bâton de colle.*

Unité 3

I can

-     describe myself: *Je suis gentil et je suis très curieux.*
- ☐ use *être* (*je, tu, il/elle* forms):   *Tu es d'accord?*
- ☐ use singular adjectives: *Je suis intelligent/intelligente.*
-     use the intensifiers *trés* and *assez*:   *Je suis assez modeste.*

Unité 4

I can

-     describe someone else: *Il est de taille moyenne.*
- ☐ use plural adjectives: *Elle a les yeux bleus et les cheveux noirs.*
- ☐ use possessive adjectives: *Mon frère s'appelle Antonin et ma sœur s'appelle Léa.*

Unité 5

I can

-     describe a musician: *Il s'appelle Adrien.*
  Il chante et il joue de la guitare.
- ☐ use *je, tu, il* and *elle* forms of regular –er verbs + *avoir* and *être*   *J'aime le hip-hop.*
  Tu as les cheveux bruns?
  Il est cool.

 Qui est-ce? Écoute et écris les bons noms. (1–4)

Exemple: **1** Frank

 Abdel

 Marina

 Frank

 Clémence

 Décris les kits de survie.

Exemple: **a** Dans mon kit de survie, j'ai un portemonnaie …

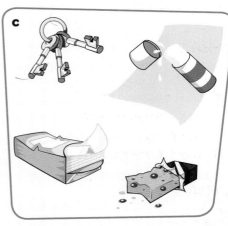

 Lis le texte et termine les phrases en anglais.

Je m'appelle Lou-Anne. Ma sœur s'appelle Amélie. Elle est assez drôle et elle est très intelligente. On est toujours d'accord. C'est génial. Elle a les cheveux courts et noirs. Elle a les yeux marron.

Mon frère s'appelle Igor. Il joue dans un groupe. Il a beaucoup de talent, mais il est assez modeste.

1 Lou-Anne's … is called Amélie.
2 Amélie is quite … and very …
3 She has short … hair.
4 Her brother plays …
5 He has a lot of talent but he's …

 Fais ton autoportrait.

Describe yourself.

Je suis … et assez … , mais je ne suis pas …
Être …, c'est important pour moi.
J'aime … et aussi …, c'est cool, mais je n'aime pas …
J'ai les cheveux … et les yeux …
J'aime … [singer]
Il/Elle …

Écoute et lis le texte.

C'est moi!

Je m'appelle Harris. Je suis québécois et je parle français. J'habite à Saint-Sauveur. C'est un petit village dans les Laurentides, au nord de Montréal. Les Laurentides sont des montagnes.

J'aime le camping et le rafting. Le rafting, c'est cool. Et le hockey sur glace, j'aime ça. J'aime aussi les couleurs de l'automne, la nature et la forêt. J'aime le ski alpin et le surf des neiges. C'est génial, mais je n'aime pas les compétitions. La motoneige, je n'aime pas ça ... C'est ennuyeux! Tu aimes le ski alpin?

Dans mon kit de survie, j'ai toujours mon portable et mon MP3 car j'aime la photographie et la musique. Mon portable est très, très important pour moi. En hiver, j'ai aussi mes gants et mon bonnet.

Je suis assez intelligent et très drôle, mais je ne suis pas très généreux. Je suis de taille moyenne. J'ai les cheveux mi-longs, raides et marron et j'ai les yeux gris.

Mon père a un traîneau à chiens. C'est super! Les chiens s'appellent Bernard et Babette. Ils ont les yeux bleus. Ils sont très drôles et aussi très intelligents. Je joue tous les jours avec les chiens.

Mon chanteur préféré s'appelle Corneille. Il est génial. Il a les cheveux frisés et noirs. Il a les yeux marron. Il chante et il joue de la guitare. Il est charmant et beau et il a beaucoup de talent.

Harris

Look at how Harris makes his text interesting. He uses:

- **connectives** – et, mais, aussi
- **intensifiers** – très, assez
- **opinions** – j'aime ..., c'est génial; je n'aime pas ..., c'est ennuyeux
- **verbs** to talk about himself and others – je suis, j'ai, j'aime, il est, il a, il joue, il chante
- **adjectives** to describe himself and others – je suis assez intelligent, il est génial

toujours	always
car	because
sont	are
tous les jours	every day

Relis le texte. Mets les images dans le bon ordre (a–f).

Read the text again. Put the pictures in the right order.

Exemple: **C,** ...

Choisis un titre pour accompagner les images de l'exercice 2.

Choose a caption for each picture in exercise 2.

Exemple: **1** e

1 Comment je me vois
2 Mon kit de survie
3 J'aime …

4 Ma star préférée
5 Mes chiens
6 Mon village

 Trouve l'équivalent des phrases dans le texte de l'exercice 1.

Find the French for these sentences in the exercise 1 text.

1 I'm from Quebec and I speak French.
2 I also like the autumn colours, nature and the forest.
3 But I don't like competitions.

4 My mobile is very, very important to me.
5 I'm very funny but I'm not very generous.
6 He sings and he plays the guitar.

Présente-toi!

Introduce yourself.

Give your name:	**Say what you always have in your bag:**
• *Je m'appelle …*	• *Dans mon kit de survie, j'ai toujours …*
Say what you like:	**Describe your appearance:**
• *J'aime … et aussi …*	• *J'ai les cheveux … et les yeux …*
Say what you don't like:	**Describe your favourite star:**
• *Mais je n'aime pas …*	• *Ma star préférée s'appelle …*
Say what your personality is like:	• *Il/Elle est …*
• *Je suis très … et assez …, mais je ne suis pas …*	• *Il/Elle a …*

 À trois. Fais des présentations.

Work in threes. Give presentations.

1 **The first person** gives a presentation.
   C'est moi!
   • *J'aime …*
   • *Je n'aime pas …*
   • *Mon autoportrait*
   • *Ma famille*
   • *Mon kit de survie*
   • *Ma star préférée*

• *Look back through Module 1 and use the* **Vocabulaire** *section to help you with the words and the structures you need for your presentation. Take the phrases you like and adapt them.*
• *Start by reading out your presentation.*
• *Then try to learn your presentation off by heart so that you just need the prompts on the left to help you.*
• *Look at people and speak clearly.*

2 **The second person** gives his/her opinion of the pronunciation and the language used.

3 **The third person** says which was his/her favourite sentence.

C'est bien, la prononciation.

C'est super, la prononciation.

Il y a un problème de prononciation.

Ma phrase préférée, c'est …

Studio Grammaire

Verbs – the present tense
Regular verbs

A dictionary gives verbs in the infinitive form. Often this ends in **–er**.

*chant**er*** (to sing)   *aim**er*** (to like)   *habit**er*** (to live)   *jou**er*** (to play)

The present tense is used to talk about:

- what is happening now   *I am playing the guitar*
- what usually happens   *I sing every day*
- how things are   *I like spaghetti*

chanter	*je chante*	I sing
	tu chantes	you (familiar) sing
	il/elle chante	he/she sings

1 Write out the verb *danser* (to dance) in the present tense and translate it into English.

je dans___
tu dans___
il/elle dans___

2 Write out the verbs using the correct form of the present tense.
1 *Je [jouer] de la guitare.*
2 *Je [chanter] tous les jours.*
3 *Tu [aimer] les consoles de jeux?*
4 *Tu [parler] français?*
5 *Il [habiter] à Saint-Sauveur.*
6 *Elle [aimer] les animaux.*

Irregular verbs

Some verbs are irregular. They don't follow the regular verb patterns.

avoir	to have
j'ai	I have
tu as	you have
il/elle a	he/she has
être	to be
je suis	I am
tu es	you are
il/elle est	he/she is

3 Fill in the gaps in these sentences, then translate them into English.
1 *Dans mon kit de survie, j'___ un portable.*
2 *Tu ___ un animal?*
3 *Il ___ un frère.*
4 *Elle ___ une sœur.*
5 *Il ___ beaucoup de talent.*
6 *Elle ___ une guitare.*

4 Unjumble the forms of *être*, then match them to the English.
1 *il [ste]*   you are
2 *je [iuss]*   she is
3 *tu [se]*   he is
4 *elle [tes]*   I am

Adjectives

Adjectives describe nouns. Their endings change to agree with the noun they describe.

Regular adjectives add **–e** in the feminine form and **-s** or **-es** in the plural form:

masc. (s)	fem. (s)	masc. (pl)	fem. (pl)
petit	*petite*	*petits*	*petites*
important	*importante*	*importants*	*importantes*

Other adjectives change a bit more!

masc. (s)	fem. (s)	masc. (pl)	fem. (pl)
curieux	*curieuse*	*curieux*	*curieuses*
essentiel	*essentielle*	*essentiels*	*essentielles*

Other adjectives are completely irregular:

masc. (s)	fem. (s)	masc. (pl)	fem. (pl)
beau	*belle*	*beaux*	*belles*

If the adjective ends in **–x**, don't add **–s** in the plural form.

J'ai les cheveux roux!

If the adjective ends in **–e** already, don't add another one.

Je suis modeste.

Et je suis modeste aussi!

The adjective *marron* (brown/chestnut) never changes.

5 Choose the correct adjectives to describe the faces.

1 *Il a le visage vert/ verte. Il a les yeux rouge/rouges et les cheveux courts/ courte, jaune/ jaunes et frisés/ frisée.*

2 *Elle a le visage jaune/jaunes. Elle a les yeux bleus/bleues. Elle a les cheveux verts/verte.*

3 *Il a le visage bleue/bleu. Il a les cheveux mi-long/ mi-longs, noir/ noirs et frisés/ frisées. Il a les yeux vert/verts.*

6 Translate the sentences into French.

1 He is generous.
2 She is nice.
3 She is curious.
4 He is trendy but he is not intelligent.
5 He is boring.

Possessive adjectives

The words for 'my' and 'your' are different according to whether the noun is masculine, feminine or plural.

	masculine	feminine	plural
my	*mon* cousin	*ma* cousine	*mes* cousins
your	*ton* cousin	*ta* cousine	*tes* cousins

7 Copy out the profile and fill it in.

8 Change the profile so that your friend can fill it in.
Example: Ton nom …

Mon nom
Ma date de naissance
Mon numéro de téléphone
Mon e-mail

Ma couleur préférée
Mon animal préféré
Mon film préféré
Ma star préférée

Mon groupe préféré
Mes passions

Vocabulaire

Mon autoportrait • *My self-portrait*

les animaux (m pl)	*animals*
les araignées (f pl)	*spiders*
la capoeira	*a Brazilian dance*
les chats (m pl)	*cats*
les chiens (m pl)	*dogs*
le cinéma	*cinema*
les consoles de jeux (f pl)	*games consoles*
la danse	*dancing*
le foot	*football*
les gâteaux (m pl)	*cakes*
le hard rock	*hard rock*
l'injustice (f)	*injustice*
les insectes (m pl)	*insects*
les jeux vidéo (m pl)	*video games*
les livres (m pl)	*books*
la musique	*music*
les mangas (m pl)	*mangas*
les maths (f pl)	*maths*
les pizzas (f pl)	*pizzas*
la poésie	*poetry*
le racisme	*racism*
le rap	*rap*
le reggae	*reggae*
les reptiles (m pl)	*reptiles*
le roller	*roller-skating*
le rugby	*rugby*
le skate	*skateboarding*
les spaghettis (m pl)	*spaghetti*
le sport	*sport*
la tecktonik	*tecktonik (dance)*
la télé	*TV*
le tennis	*tennis*
le théâtre	*theatre, drama*
les voyages (m pl)	*journeys*
la violence	*violence*

Les opinions • *Opinions*

j'aime	*I like*
je n'aime pas	*I don't like*
Tu aimes … ?	*Do you like … ?*
il/elle aime	*he/she likes*
Oui, j'aime ça.	*Yes, I like that.*
Non, je n'aime pas ça.	*No, I don't like that.*
Tu es d'accord?	*Do you agree?*
Je suis d'accord.	*I agree.*
Je ne suis pas d'accord.	*I don't agree.*
C'est …	*It's …*
génial	*great*
cool	*cool*
bien	*good*
ennuyeux	*boring*
nul	*rubbish*
essentiel	*essential*
important	*important*
Ce n'est pas bien.	*It's not good.*

Mon kit de survie • *My survival kit*

j'ai	*I have*
je n'ai pas de	*I don't have*
tu as	*you have*
il/elle a	*he/she has*
un appareil photo	*a camera*
une barre de céréales	*a cereal bar*
un bâton de colle	*a gluestick*
des chips (f pl)	*crisps*
des clés (f pl)	*keys*
une clé USB	*a memory stick*
une gourde	*a water bottle*
des kleenex (m pl)	*tissues*
des lunettes de soleil (f pl)	*sunglasses*
un magazine	*a magazine*
un miroir	*a mirror*
un portable	*a mobile phone*
un portemonnaie	*a purse*
un paquet de mouchoirs	*a packet of tissues*
un sac	*a bag*
des surligneurs fluo (m pl)	*fluorescent highlighters*
une trousse	*a pencil case*

Moi et les autres • *Me and other people*

je suis	*I am*
je ne suis pas	*I am not*
tu es	*you are*
il/elle s'appelle	*he/she is called*
il/elle est	*he/she is*
beau/belle	*good-looking*
branché(e)	*trendy*
charmant(e)	*charming*
cool	*cool*
curieux/curieuse	*curious*
de taille moyenne	*average height*
drôle	*funny*
généreux/généreuse	*generous*
gentil(le)	*nice*
grand(e)	*tall*
impatient(e)	*impatient*
intelligent(e)	*intelligent*
modeste	*modest*
petit(e)	*small*
poli(e)	*polite*

Les yeux et les cheveux • *Eyes and hair*

j'ai	*I have*
tu as	*you have*
il/elle a	*he/she has*
mon ami(e) a	*my friend has*
J'ai les yeux bleus/verts/ gris/marron.	*I have blue/green/grey/ brown eyes.*
J'ai les cheveux ...	*I have ... hair.*
longs/courts/mi-longs	*long/short/ medium-length*
frisés/raides	*curly/straight*
blonds/bruns/noirs/roux	*blond/brown/black/red*

Les musiciens • *Musicians*

Il/Elle joue ...	*He/She plays ...*
de la batterie	*the drums*
de la guitare	*the guitar*
Il/Elle chante.	*He/She sings.*
Il/Elle a beaucoup de talent.	*He/She has a lot of talent.*

Les mots essentiels • *High-frequency words*

et	*and*
aussi	*also*
mais	*but*
très	*very*
assez	*quite*
toujours	*always*
Qu'est-ce que ... ?	*What ... ?*
Qui ... ?	*Who ... ?*

Stratégie 1

Look, say, cover, write, check
Use the five steps below to learn how to spell any word.

1. **LOOK** Look carefully at the word for at least 10 seconds.
2. **SAY** Say the word to yourself or out loud to practise pronunciation.
3. **COVER** Cover up the word when you feel you have learned it.
4. **WRITE** Write the word from memory.
5. **CHECK** Check your word against the original. Did you get it right? If not, what did you get wrong? Spend time learning that bit of the word. Go through the steps again until you get it right.

Most schools in France have no school uniform!

	Collège Racine			
Nom: Thomas Dubois **Classe:** 6				
	lundi	**mardi**	**mercredi**	**je**
8h30	MATHS	P	MATHS	
9h25	ANGLAIS	ANGLAIS	MUSIQUE	
10h20	RÉCRÉATION			
10h40	FRANÇAIS	FRANÇAIS	ARTS PLASTIQUES	AN
11h30	FRANÇAIS	ALLEMAND	HISTOIRE-GÉO	
12h30	DÉJEUNER			
13h30	TECHNOLOGIE	EPS		FE
	P	EPS		

	lundi	**mardi**	**mercredi**	**jeudi**	**vendredi**
entrée	salade de tomates	carottes râpées	taboulé	melon	macédoine de légumes
plat	steak haché gratin de courgettes	paella	escalopes de poulet haricots verts	saucisses chipolatas	filet de poisson sauce beurre blanc chou-fleur
dessert	yaourt ou fromage mousse au chocolat	yaourt ou fromage île flottante	yaourt ou fromage fruit	yaourt ou fromage glace	yaourt ou fromage tarte au citron

What's on this French school menu? Is this better or worse than your school canteen?

In class, pupils are not allowed to wear any religious symbols or clothing, such as crucifixes, headscarves or turbans. What do you think about this?

French pupils change schools at 15, from a *collège* to a *lycée*, so they can specialise in the subjects they might need for their future job. What do you think of this system?

Age	Name of year	Abbreviation
COLLÈGE		
11–12	Sixième	6^e
12–13	Cinquième	5^e
13–14	Quatrième	4^e
14–15	Troisième	3^e
LYCÉE		
15–16	Seconde	2^{de}
16–17	Première	1^e
17–18	Terminale	Term

School holidays in France
- 2 weeks in February
- 2 weeks at Easter
- 9 weeks (July and August)
- 1 week in November
- 2 weeks at Christmas

Do pupils in France get more or less holiday in a year than you? How would you like 9 weeks' summer holiday?

Mes matières

○ Talking about school subjects
○ Asking questions

Écoute les questions. C'est quelle matière? (1–12)

Exemple: **1** b

a

le théâtre

b

le français

c

la géographie (la géo)

d

la musique

e

la technologie

f

l'anglais

g

l'EPS

h

l'histoire

i

l'informatique

j

les arts plastiques

k

les maths

l

les sciences

Écoute. Note les matières et les opinions. (1–6)

Exemple: **1** k

 j'adore … /j'aime beaucoup …/ c'est ma matière préférée

 j'aime …

 j'aime assez …

 je n'aime pas …

  je déteste …

Studio Grammaire

> Page 44

To ask a question, you can:

- turn a statement into a question, by making your voice go up at the end of the sentence
  Tu aimes le français. – You like French.

  Tu aimes le français? – Do you like French?
- use **Est-ce que … ?** and make your voice go up at the end.
  Est-ce que *tu aimes le français?* – Do you like French?

En tandem. Pose des questions à ton/ta camarade.

Exemple:

● *Tu aimes l'anglais?*

■ *Non. Je n'aime pas l'anglais. Et toi?*

● *J'aime assez l'anglais.*

 When you want to say what you like or dislike, you use the definite article before the noun.

*J'aime **le** théâtre et **la** musique.*
*Je déteste **l'**anglais et **les** maths.*

Écoute. Tu entends *assez* **ou** *aussi* **dans chaque phrase? Note le bon mot. (1–5)**

Listen. Do you hear assez *or* aussi *in each sentence? Note down the correct word.*

 Be careful not to confuse **assez** (quite) with **aussi** (also). The vowel sound at the beginning and end of each one is different.

5 **Lis les textes. Regarde les symboles et écris le bon prénom.**

Exemple: **a** Clarisse

Tu aimes tes matières?

Manu

J'adore le français. C'est ma matière préférée. Je n'aime pas l'anglais.

Clarisse

Je n'aime pas la géographie, mais j'aime l'histoire.

Florian

J'adore la technologie et les sciences. Je déteste l'EPS.

Élisa

J'aime assez l'anglais, mais je n'aime pas les maths.

Yanis

Je déteste les arts plastiques et le français, mais j'aime l'EPS.

Leïla

J'aime beaucoup la musique et j'aime aussi les maths.

a

b

c

d

e

f

g

h

6 **Écris ton opinion sur tes matières.**

Exemple:

> J'aime le théâtre et la musique, mais je n'aime pas l'anglais. J'adore ...

Use connectives to create longer sentences: **et** (and), **mais** (but), **aussi** (also).

Note the word order with **aussi**: j'aime aussi ...

7 **Fais un sondage sur six matières.**

Do a survey on six subjects.

Exemple:

- Est-ce que tu aimes l'anglais?
- Oui, j'aime l'anglais.
- Tu aimes les maths?

Don't forget accents when you are writing! There are four different accents in French: (acute accent) **é** (grave accent) **è** (circumflex) **â** (cedilla) **ç**

Which of the school subjects have accents on them?

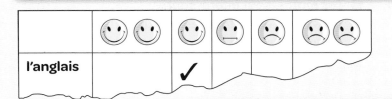

	😃😃	😃	😐	😕	😟😟
l'anglais		✓			

- Giving opinions and reasons
- Agreeing and disagreeing

1 Écoute les opinions. Écris P (positif) ou N (négatif). (1–8)

Exemple: **1** N

> When working out opinions, listen for tone of voice as well as to the detail. Is the person being positive or negative?

| t'es fou/folle   you're crazy |

2 Lis les opinions. Paul est toujours positif. Nadia est toujours négative. Qui dit quoi?

Read the opinions. Paul is always positive. Nadia is always negative. Who says what?

Exemple: Paul 3, …   Nadia 1, …

Paul    **Nadia**

1
On a beaucoup de devoirs.

2
C'est difficile.

3
C'est génial.

4
C'est nul.

5
C'est marrant.

6
C'est ennuyeux.

7
C'est intéressant.

8
C'est facile.

9
Le/La prof est sympa.

10
Le/La prof est trop sévère.

3 En tandem. Une personne est Paul. L'autre personne est Nadia. Invente une dispute!

In pairs. One of you is Paul and the other is Nadia. Pretend to have an argument!

Exemple:

- ● Les maths, c'est intéressant.
- ■ Mais non! Les maths, c'est ennuyeux!
- ● Le prof est sympa.
- ■ T'es fou/folle! Le prof est …

4 Écoute. Copie et complète le tableau. (1–5)

	matière	opinion	raison
1	les arts plastiques	🙂	marrant

> **Pourquoi?** *Why?*
> **parce que** *because*

 5 Lis le tchat et réponds aux questions en anglais.

Exemple: **1** Emma

Tu aimes l'anglais?

 L'anglais, c'est difficile, mais c'est aussi très marrant. Le français, c'est assez ennuyeux. Moi, je préfère parler anglais! C'est cool!
Frédéric

 Tu aimes l'anglais? Pourquoi? T'es fou! Ma prof est trop sévère et on a beaucoup de devoirs. L'anglais, c'est trop difficile pour moi!
Emma

 Coucou, Fréd! Moi aussi, j'aime l'anglais. Mon prof d'anglais est très sympa. Mais ma matière préférée, c'est l'EPS, parce que j'adore le sport. Mon sport préféré, c'est le basket.
Samuel

 Oui, Emma, l'anglais est un peu difficile, mais c'est important. Moi, je parle français, anglais et arabe (mon père vient de Tunisie). Mais j'adore aussi la géo. C'est génial!
Yasmine

1 Who doesn't like English?
2 Who thinks English is important?
3 Who has a nice English teacher?
4 Who prefers speaking English to speaking French?
5 Whose favourite subject is PE?
6 Who gets lots of English homework?
7 Who speaks three languages?
8 Which person or people do you agree with? Why?

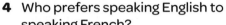

 6 Écris ton opinion sur six matières.

Exemple: J'aime l'anglais parce que c'est intéressant.

 7 Relis les textes et trouve ces descriptions en français.

Exemple: **1** très marrant

1 very funny   **3** too strict   **5** very nice
2 quite boring   **4** too difficult   **6** a bit difficult

 8 Réponds à Frédéric, Emma, Samuel ou Yasmine.

Exemple:

> Salut, Yasmine. Tu aimes la géo? T'es folle!
> Je déteste la géo parce que …

> **!** Include two connectives and two intensifiers to extend your sentences:
> • connectives: **et, mais, aussi, parce que**
> • intensifiers: **très, trop, assez, un peu**

3 J'ai cours!

○ Describing your timetable
○ Using the 12-hour clock

Écoute et lis. (1–7)

1 Il est neuf heures. J'ai maths.

2 Il est neuf heures et quart. J'ai français.

3 Il est neuf heures et demie. J'ai technologie.

4 Il est dix heures moins le quart. J'ai EPS.

5 Il est neuf heures dix. J'ai sciences.

6 Il est dix heures moins vingt. J'ai anglais.

7 Il est midi. J'ai histoire-géo.

Écoute. C'est quelle montre? (1–8)

Listen. Which watch is it?

Exemple: **1** d

a **b** **c** **d** **e** **f** **g** **h**

En tandem. Fais trois dialogues.

● *Quelle heure est-il?*

■ *Il est ...*

a **b** **c** **d**

● *Chouette!/Ah, non! J'ai ...*

a **b** **c**  **d**

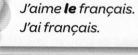

| J'aime **le** français. | I like French. |
| J'ai français. | I've got French. |

Quelle heure est-il?		
Il est	neuf heures.	
	neuf heures	cinq/dix/vingt/vingt-cinq.
		et quart/et demi**e**.
	dix heures	moins vingt-cinq/moins vingt/ moins dix/moins cinq.
		moins le quart.
	midi/minuit	et demi.

55555555

4 Regarde l'emploi du temps de Thomas. Écris en anglais six choses qui sont différentes de ton emploi du temps.

Write down in English six differences between Thomas's timetable and yours.

Exemple: **1** His lessons start at 8.30.

Collège Racine **Nom:** Thomas Dubois **Classe:** 6°5					
	lundi	**mardi**	**mercredi**	**jeudi**	**vendredi**
8h30	MATHS	P	MATHS	EPS	ATP
9h25	ANGLAIS	ANGLAIS	MUSIQUE	EPS	MATHS
10h20	RÉCRÉATION				
10h40	FRANÇAIS	FRANÇAIS	ARTS PLASTIQUES	ANGLAIS	ANGLAIS
11h30	FRANÇAIS	ALLEMAND	HISTOIRE-GÉO	SVT	MATHS
12h30	DÉJEUNER				
13h30	TECHNOLOGIE	EPS		FRANÇAIS	VIE DE CLASSE
14h25	P	EPS		FRANÇAIS	FRANÇAIS
15h20	RÉCRÉATION				
15h40	ALLEMAND	HISTOIRE-GÉO		HISTOIRE-GÉO	SVT
16h35					

P = Permanence – *supervised study period*

ATP = heure d'aide aux devoirs – *help with homework*

ALLEMAND – *German*

SVT = Sciences de la Vie et de la Terre – *life and earth sciences*

VIE DE CLASSE – *form/class period (with form/class teacher)*

En France

In France, the 24-hour clock is often used for timetables (e.g. **13h30** instead of 1.30 p.m.).

5 Copie et complète les phrases pour Thomas.

Exemple: Le lundi, à huit heures et demie, j'ai maths.

> **Il est** *huit heures et demie.* **It's** *half past eight.*
> **À** *huit heures et demie, j'ai …* **At** *half past eight I've got …*

1 Le lundi à ▨▨▨ , j'ai maths.
2 Le mardi à ▨▨▨ , j'ai anglais.
3 Tous les jours à ▨▨▨ , j'ai la récréation.
4 Le mercredi à ▨▨▨ , j'ai histoire-géo.
5 Tous les jours à ▨▨▨ , j'ai le déjeuner.
6 Le jeudi à ▨▨▨ , j'ai français.
7 Le vendredi à ▨▨▨ , j'ai sciences.

tous les jours *every day*

6 En tandem. Jeu de mémoire. Pose six questions sur ton emploi du temps à ton/ta camarade.

Exemple:

● *Le mardi, à dix heures et quart.*
■ *Le mardi, à dix heures, j'ai technologie.*
● *Oui./Non, tu as sciences.*

7 Écoute. Thomas a un problème. Qu'est-ce qui se passe?

Listen. Thomas has a problem. Can you work out what's going on?

 Improving listening skills:
• *Listen for background noise: where do you think Thomas is?*
• *Think about who he's talking to.*
• *Listen for words you recognise.*
• *Think about why Thomas might need this information.*

pardon	*excuse me*
j'ai perdu	*I've lost*

4 Au collège en France

1 Écoute et lis. (1–8)

1 Bonjour. Je m'appelle Manon. J'ai onze ans et je suis en sixième. Voici mon collège.

2 On a cours le lundi, le mardi, le mercredi matin, le jeudi et le vendredi. On n'a pas cours le mercredi après-midi. Youpi!

3 On commence les cours à huit heures et demie.

4 On a quatre cours le ma* et trois ou quatre cours l'après-midi.

5 On étudie neuf matières.

6 À la récré, on bavarde et on rigole.

7 À midi et demi, c'est le déjeuner. On mange à la cantine. Miam-miam! C'est bon!

8 On finit les cours à cinq heures. On est fatigués!

2 Que dit Manon? Complète les phrases en anglais.

Exemple: **1** My name is *Manon*. This is my *school*.

1 My name is ▢. This is my ▢.
2 We don't have lessons on ▢ afternoon.
3 We start lessons at ▢.
4 We have ▢ lessons in the morning and ▢ in the afternoon.
5 We study ▢ subjects.
6 At ▢, we chat and have a laugh.
7 At lunchtime, we eat in ▢.
8 We finish lessons at ▢. We're tired!

Studio Grammaire ≫ Page 44

on is the most commonly used word for 'we' in French. It has the same verb form as *il/elle*. With regular –er verbs, the verb ends in *e*.

	–er verbs (e.g. *bavarder* – to chat)	*avoir* (to have)	*être* (to be)
il/elle/on	bavard**e**	a	est

À la récré, on bavarde. At breaktime, we chat.
On a cours. We have lessons.
On est fatigués. We are tired.

3 Écoute et répète.

on m**on** **on**ze b**on** **bon**jour

on is not pronounced the same as the English word 'on'. To say it, make an O shape with your mouth. Now say 'on' without moving your lips or tongue.

4 **Imagine que tu parles avec Manon. Dis-lui six choses sur ton collège.**

Imagine you're talking to Manon. Tell her six things about your school.

Exemple:

- *On a cours le lundi, le mardi, le mercredi, …*
- *On commence les cours à …*
- *On étudie …*

! Adapt what Manon said to talk about your school.

On commence les cours à **neuf heures**.

 5 **Lis le texte et mets les images dans le bon ordre.**

Exemple: **d, …**

Coucou, Manon! Ça va?

Mon nouveau collège est un peu différent! C'est parce qu'on est en section musique et on a des «classes à horaires aménagés». On étudie les matières normales (maths, français, anglais, etc.), mais on a aussi des cours spécialisés.

Par exemple, le mardi et le vendredi, on a des cours théoriques de musique. C'est intéressant, mais c'est très difficile. Puis le jeudi on a chorale. On chante des chansons traditionnelles et modernes. J'aime bien ça parce que c'est marrant.

On a aussi une heure par semaine de pratique d'instrument. Moi, je joue du saxophone et c'est génial. Mais je dois travailler le saxo tous les soirs et ma famille n'aime pas ça!

J'adore les cours, mais je déteste mon emploi du temps. On commence les cours à huit heures et on a cours le samedi matin … C'est horrible!

Bises,

Ludo

je dois travailler *I have to practise*

En France

In some French schools, pupils with a particular talent or interest (e.g. music, dance or theatre) follow a special timetable, so they can study these subjects in depth. The special lessons are called *classes à horaires aménagés*.

a  **b**  **c**  **d**  **e**

 6 **Relis le texte et corrige les phrases.**

Read the text again and correct the sentences.

1 Ludo ~~n'aime pas~~ ^{aime} les cours à son nouveau collège.
2 Il adore son emploi du temps.
3 Au collège, on commence les cours à neuf heures.
4 Le mardi, on étudie les maths.
5 Le mercredi, on a chorale.
6 Ludo n'aime pas ça parce que c'est ennuyeux.
7 Ludo joue de la guitare.
8 La famille de Ludo aime ça.

7 **Écris un blog sur ton collège.**

Exemple:

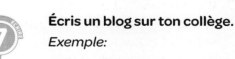
Bonjour. Je m'appelle Tom. J'ai onze ans. Mon collège s'appelle Greentown High School. On a cours le lundi, …

5

Miam-miam!

- Talking about food
- Using the partitive article (du/de la/de l'/des)

Accès Studio p24

1 Écoute. Qu'est-ce qu'ils mangent à la cantine? Écris les *deux* bonnes lettres pour chaque personne. (1–5)

Exemple: **1** c, h

a

du fromage

b

du poisson avec de la purée de pommes de terre

c

du poulet avec des frites

d

du steak haché avec des haricots verts

e

du yaourt

f

de la pizza

g

de la glace à la fraise

h
de la mousse au chocolat

i
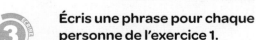
de la tarte au citron

j
aes crudités

En France

Lunch is an important meal in France. In the school canteen, most pupils have a starter (*une entrée*) and a main course (*un plat*), followed by cheese or yoghurt and then a dessert (*un dessert*).

French people normally wish each other *Bon appétit!* (Enjoy your meal!) when they are about to eat.

2 En tandem. Jeu de mémoire.

Pairwork. Memory game.

Exemple:

- ● c
- ▪ *Du poulet avec des frites.*
- ● Oui.
- ▪ f …   **je ne sais pas**   I don't know

3 Écris une phrase pour chaque personne de l'exercice 1.

Exemple:

> Je mange du poulet avec des frites et de la mousse au chocolat.

4 Écoute et repète.

| chocolat | dessert | mousse |
| pizza | steak | tarte |

Studio Grammaire

Page 45

The partitive article (*du, de la, de l'* or *des*) means 'some'. You often have to use it in French where you could miss it out in English.

*Je mange **du** poulet avec **des** frites.* – I'm eating (some) chicken and (some) chips.

	singular		plural
masculine	feminine	before vowel sound	
du	**de la**	**de l'**	**des**
fromage	pizza	eau	frites

Be careful with cognates. They look like English words, but are pronounced differently: **chocolat**, **dessert**, **mousse**, **pizza**, **steak**, **tarte**, etc.

5 En tandem. Fais un dialogue. Puis change les détails.

● Qu'est-ce que tu manges aujourd'hui?

■ Je mange

● Est-ce que tu manges un dessert?

■ Oui, je mange

● Bon appétit!

■ Merci.

Studio Grammaire » Page 44

Qu'est-ce que tu manges? – What are you eating?

Est-ce que tu manges … ? – Are you eating … ?

Menu	
	lundi
entrée	crudités
plat	steak haché
	haricots verts
dessert	fromage ou yaourt
	mousse au chocolat

6 Écris ton menu de cantine idéal.

 Use the menu above as a model. Adapt phrases you know. For example, how would you say **chocolate** ice-cream, fish and **chips** or **strawberry** tart?

7 Lis, écoute et chante!

La chanson des femmes de service

1 À la cantine aujourd'hui,
Les enfants ont mangé …
Trois steaks hachés,
Deux yaourts nature
Et une portion de
pizza Reine!

2 À la cantine aujourd'hui,
Les enfants ont mangé …
Quatre gros poissons,
Trois steaks hachés,
Deux yaourts nature
Et une portion de
pizza Reine!

3 À la cantine aujourd'hui,
Les enfants ont mangé …
Cinq poulets-frites,
Quatre gros poissons,
Trois steaks hachés,
Deux yaourts nature
Et une portion de
pizza Reine!

4 À la cantine aujourd'hui,
Les enfants ont mangé …
Six tartes au citron,
Cinq poulets-frites,
Quatre gros poissons,
Trois steaks hachés,
Deux yaourts nature
Et une portion de pizza Reine!

les enfants ont mangé
the children ate/have eaten
pizza Reine
ham and cheese pizza

8 Écris d'autres couplets pour la chanson.

Write other verses for the song.

Exemple:

Sept glaces à la fraise,
Six tartes au citron, …

To make most French nouns plural, you add **s**. The **s** is usually silent.

Accès Studio p6

9 Chante tes couplets.

Bilan

Unité 1

I can

○ say what subjects I like and dislike: *J'aime/Je n'aime pas le français.*

○ use accents and cedillas correctly: *le théâtre/le français*

☐ ask questions using intonation and   *Tu aimes la technologie?*
     Est-ce que: *Est-ce que tu aimes les arts plastiques?*

Unité 2

I can

○ ask someone why he/she likes/   *Tu aimes l'anglais. Pourquoi?*
     dislikes something:

○ give reasons for liking/disliking subjects: *C'est intéressant.*
     On a beaucoup de devoirs.

○ agree and disagree with people: *Moi aussi.*
     T'es fou/folle!

○ use intensifiers with adjectives: *C'est très marrant/un peu difficile.*

○ join sentences using *parce que*:   *J'aime la musique parce que c'est facile.*

Unité 3

I can

○ say what time it is: *Il est dix heures vingt.*
     Il est une heure et demie.

○ understand a French school timetable: *l'ÉPS/récréation/déjeuner*

○ describe my timetable: *Le mardi à neuf heures dix, j'ai informatique.*

Unité 4

I can

○ understand information about   *On commence les cours à huit heures.*
     French schools:

○ describe my school day: *On a quatre cours le matin et trois*
         cours l'après-midi.

☐ use *on* to say what we do: *À la récré, on bavarde et on rigole.*

○ pronounce the sound *on* correctly: *mon, onze, bonjour*

Unité 5

I can

○ say what I eat/I'm eating: *Je mange du poulet avec des frites.*

☐ use the partitive article with food: *du fromage, de la pizza, de l'eau, des crudités*

☐ use *qu'est-ce que* and *est-ce*   *Qu'est-ce que tu manges?*
     que correctly: *Est-ce que tu manges un dessert?*

○ pronounce cognates correctly: *chocolat, mousse, tarte*

☐ add an *s* to make nouns plural   *frites, tartes, steaks, glaces*

Écoute. Copie et complète le tableau. (1–6)

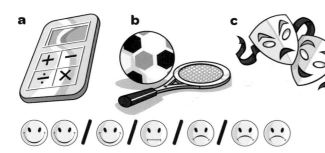

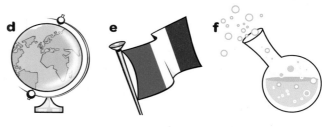

	matière	opinion
1	d	☹

En tandem. Fais des conversations sur les matières.

Exemple:

● *Est-ce que tu aimes (l'anglais)?*

■ *Oui, j'aime beaucoup (l'anglais).*

● *Pourquoi?*

■ *Parce que (c'est intéressant et le prof est sympa).*

Lis l'e-mail de Mélissa. Trouve les quatre bonnes phrases.

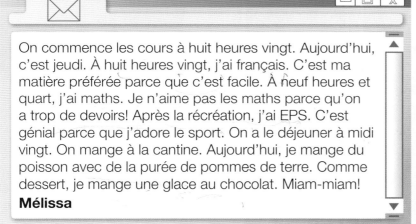

On commence les cours à huit heures vingt. Aujourd'hui, c'est jeudi. À huit heures vingt, j'ai français. C'est ma matière préférée parce que c'est facile. À neuf heures et quart, j'ai maths. Je n'aime pas les maths parce qu'on a trop de devoirs! Après la récréation, j'ai EPS. C'est génial parce que j'adore le sport. On a le déjeuner à midi vingt. On mange à la cantine. Aujourd'hui, je mange du poisson avec de la purée de pommes de terre. Comme dessert, je mange une glace au chocolat. Miam-miam!

Mélissa

1 On commence les cours à 8h00.
2 Le jeudi, à 8h20, Mélissa a français.
3 Elle aime le français.
4 Elle aime aussi les maths.
5 Le déjeuner est à 12h20.
6 Elle mange du poisson à la cantine.
7 Comme dessert, elle mange de la mousse au chocolat.

Écris un paragraphe sur ta journée scolaire.

Write a paragraph about your school day.

You could include:

- when lessons start
- what day it is today
- when you have different subjects today
- whether you like those subjects and why/why not
- when you have lunch
- what you eat at lunchtime.

Adapt what Mélissa wrote in exercise 3 to describe your school day.

*On commence les cours **à neuf heures**. Aujourd'hui, c'est **lundi** …*

1 Regarde les textes, la carte et les photos. Il s'agit de quoi dans les textes?

Look at the texts, the map and the photos. What are the texts about?

Bonjour. Ça va? Je m'appelle Mohamed. J'habite à la Mayotte. C'est une île dans l'océan Indien, à l'est de l'Afrique. À la Mayotte, on parle français. Mon collège est assez bien équipé – on a un tableau noir, des livres, des crayons, etc. Mais on n'a pas de gymnase, alors on fait l'EPS sur la plage! On commence les cours à sept heures moins dix et on finit à quatre heures. On n'a pas de cantine au collège – on apporte notre déjeuner. Normalement, je mange du riz et des fruits (des bananes, des mangues et des ananas).

Salut! Je m'appelle Fouad. Moi, j'habite aux Comores – des îles dans l'océan Indien où on parle français. J'aime mon collège, mais c'est difficile d'apprendre, parce qu'on n'a pas d'équipement scolaire. On n'a pas de tableau noir, pas de papier et pas beaucoup de livres … Le matin, on commence les cours à sept heures et on finit à onze heures. L'après-midi, on recommence les cours à trois heures. Il fait trop chaud pour les cours entre onze heures et trois heures! On n'a pas de cantine au collège, alors je mange à la maison.

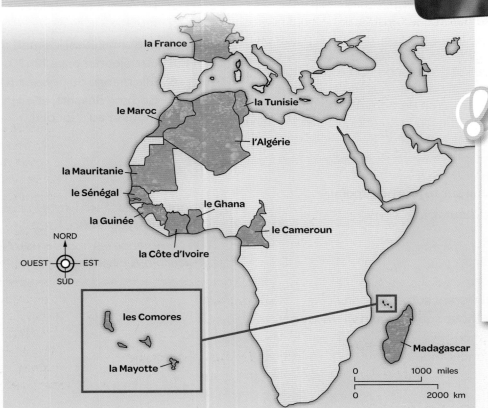

la France

la Tunisie

le Maroc

l'Algérie

la Mauritanie

le Sénégal

le Ghana

la Guinée

le Cameroun

NORD

OUEST — EST

la Côte d'Ivoire

SUD

les Comores

Madagascar

la Mayotte

0   1000 miles

0   2000 km

> **Reading for gist:**
> - What clues do any pictures give you?
> - Skim through the text in 30 seconds. (Time yourself!)
> - Don't try to understand everything – just aim for a rough idea of what it's about. Look for key words.

2 Écoute et lis. Quelles sont les trois choses qu'ils ne mentionnent pas?

*Listen and read. Which three of these things do they **not** mention?*

1 their name
2 where they live
3 what school subjects they study
4 when lessons start and end
5 what their teachers are like
6 what equipment or facilities their school has
7 what they do at lunchtime
8 how much homework they get

3 Qu'est-ce que c'est en anglais? Devine!

What do these words mean in English? Guess!

Exemple: **1** the Indian Ocean

1 l'océan Indien
2 l'Afrique
3 gymnase
4 bien équipé
5 normalement
6 du riz
7 des bananes
8 des mangues
9 équipement scolaire
10 des fruits

*Near-cognates are words which are similar to English forms, e.g. **gymnase/ gym**. You can often guess the meaning of words like this.*

4 Vérifie tes réponses à l'exercice 3 dans le Mini-dictionnaire ou dans un dictionnaire.

Check your answers to exercise 3 in the Mini-dictionnaire section or in a dictionary.

5 Lis et complète la traduction sans utiliser un dictionnaire. Devine!

Read and complete the translation without using a dictionary. Guess!

Using context:
• *You can sometimes guess the meaning of new words from the context (what the sentence or paragraph is about).*

1 J'habite à la Mayotte. C'est une île dans l'océan Indien, à l'est de l'Afrique.
I live in Mayotte. It's an ▭ in the Indian Ocean, to the ▭ of Africa.

2 On n'a pas de gymnase, alors on fait l'EPS sur la plage.
We don't have a gym, so we do PE on the ▭ .

3 On n'a pas de cantine au collège – on apporte notre déjeuner.
We don't have a canteen at school – we ▭ our lunch.

4 C'est difficile d'apprendre parce qu'on n'a pas d'équipement scolaire.
It's difficult to ▭ because we don't have any school equipment.

5 Il fait trop chaud pour les cours entre onze heures et trois heures.
It's too ▭ for lessons ▭ 11 o'clock and 3 o'clock.

6 On n'a pas de cantine au collège, alors je mange à la maison.
We don't have a canteen at school, so I eat at ▭ .

Decide with your partner what would work best: writing a full script, using short notes or just using the information in the book. Make an audio or video recording of the interview and use this to work out how you could improve.

6 En tandem. Imagine que tu fais une vidéoconférence avec Mohamed ou Fouad. Utilise les questions.

Tu t'appelles comment?

Où habites tu?   Quel âge as-tu?

Ton collège est bien équipé?

Tu commences les cours à quelle heure?

Tu finis les cours à quelle heure?

Est-ce que tu manges à la cantine?

Exemple:
● *Bonjour. Tu t'appelles comment?*
■ *Je m'appelle Fouad.*
● *Où habites tu?*
■ *J'habite aux/à … – des îles/ une île dans …*
● *Ton collège est bien équipé?*
■ *Non. On n'a pas d' …*

1 Écoute. Qu'est-ce que chaque personne aime le plus à Noël? Écris la bonne lettre. (1–6)

What does each person like the most about Christmas? Listen and write the correct letter.

Exemple: **1** b

> **le plus** *the most*
> **on ne fête pas Noël**
> *we don't celebrate Christmas*

les bonnes choses à manger

les cadeaux

la messe de minuit

les décorations

les chants de Noël

Fermé pour les vacances

les vacances scolaires

2 Qu'est-ce que c'est en anglais? Devine, puis vérifie dans le Mini-dictionnaire.

a un sapin de Noël

b On mange de la dinde

c Je suis musulman(e)

d Le Père Noël

e Je suis catholique

f Douce nuit, sainte nuit

g La veille de Noël

h Joyeux Noël!

3 Écoute à nouveau et complète les phrases avec les mots de l'exercice 2. (1–6)

1 ▨▨▨ m'apporte toujours beaucoup de cadeaux.

2 ▨▨▨ et une bûche de Noël. C'est délicieux!

3 ▨▨▨ . On ne fête pas Noël.

4 On a ▨▨▨ avec beaucoup de boules et des guirlandes.

5 ▨▨▨ , je vais à la messe de minuit avec ma famille.

6 J'adore chanter des chants de Noël! ▨▨▨ ...

4 En tandem. Demande à ton/ta camarade:

(Est-ce que) tu fêtes Noël?

(Est-ce que) tu aimes Noël?

Qu'est-ce que tu aimes le plus à Noël?

5 Que sais-tu de Noël en France? Fais le quiz! Utilise un dictionnaire, si nécessaire.

What do you know about Christmas in France? Do the quiz! Use a dictionary if necessary.

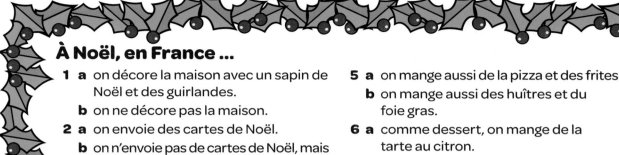

À Noël, en France …

1 a on décore la maison avec un sapin de Noël et des guirlandes.

  b on ne décore pas la maison.

2 a on envoie des cartes de Noël.

  b on n'envoie pas de cartes de Noël, mais on envoie des cartes de Nouvel An.

3 a le Père Noël apporte des cadeaux le 24 ou le 25 décembre.

  b le Père Noël apporte des cadeaux le 31 décembre.

4 a on mange de la dinde la veille de Noël (le 24 décembre).

  b on mange des spaghettis le jour de Noël (le 25 décembre).

5 a on mange aussi de la pizza et des frites.

  b on mange aussi des huîtres et du foie gras.

6 a comme dessert, on mange de la tarte au citron.

  b comme dessert, on mange une bûche de Noël.

7 a on chante des chants de Noël, comme *Douce nuit* et *Mon beau sapin*.

  b on chante *Frère Jacques* et *Sur le pont d'Avignon*.

8 a on dit «Joyeux Noël» et au Nouvel An, on dit «Bonne Année!»

  b on dit «Bon voyage!»

6 Écoute et vérifie.

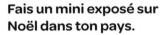

7 **Fais un mini exposé sur Noël dans ton pays.**

Give a short presentation about Christmas in your country.

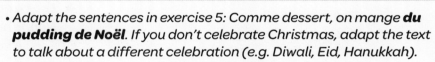

- Adapt the sentences in exercise 5: *Comme dessert, on mange **du pudding de Noël***. If you don't celebrate Christmas, adapt the text to talk about a different celebration (e.g. Diwali, Eid, Hanukkah).
- Look up any new words in a dictionary. If you need help using a dictionary, see p. 130.

8 **Écris un poème de Noël en acrostiche. Dessine des images aussi.**

Exemple:

Jour de Noël
Douce nuit, sainte nuit

J
O
Y
E
U
X

N
O
Ë
L

Studio Grammaire

Asking questions

The easiest way to ask a 'yes/no' question is to turn a statement into a question by making your voice go up at the end.

Tu aimes l'anglais. – You like English.

Tu aimes l'anglais? – Do you like English?

Another way of asking a 'yes/no' question is to put **Est-ce que** before a statement. You still need to make your voice go up at the end.

Elle aime les maths. – She likes maths.

Est-ce qu'elle aime les maths? – Does she like maths?

Don't confuse **est-ce que** with **qu'est-ce que** (**qu'est-ce qu'** before a vowel):

Qu'est-ce que *tu manges?* – <u>What</u> are you eating? (not a 'yes/no' question)

Est-ce que *tu manges un dessert?* – Are you eating a dessert?

1 Say the statements as questions by making your voice go up at the end. Then write them out as questions, using *est-ce que*.

Example: Tu aimes la technologie?
Est-ce que tu aimes la technologie?

1   *Tu aimes la technologie.*
2   *Tu aimes les sciences.*
3   *Il adore la géographie.*
4   *Elle déteste le français.*
5   *Il aime l'EPS.*
6   *Elle déteste l'histoire.*

2 Choose the correct option to complete each question. Then copy out the question and answer.
Example: Est-ce que tu manges de la glace?
Oui, je mange de la glace.

1   *Est-ce que/Qu'est-ce que **tu manges de la glace?***
Oui, je mange de la glace.
2   *Est-ce que/Qu'est-ce que **tu manges du steak haché?***
Non, je mange du poulet.
3   *Est-ce que/Qu'est-ce que **tu manges?***
Je mange du poisson avec des frites.
4   *Est-ce que/Qu'est-ce que **tu manges un dessert?***
Non, je ne mange pas de dessert.
5   *Est-ce qu'/Qu'est-ce qu'**il mange aujourd'hui?***
Il mange du yaourt.
6   *Est-ce qu'/Qu'est-ce qu'**elle mange à la cantine?***
Oui, elle mange à la cantine.

Using *on*

There are two words in French for 'we': **on** and **nous**. The most commonly used is **on**. **on** can also mean 'you', 'they' and 'people (in general)'.

on has the same verb form as *il/elle*.

regular –*er* verbs	regular –*ir* verbs	irregular verbs	
bavarder (to chat)	*finir* (to finish)	*avoir* (to have)	*être* (to be)
je bavarde *tu bavardes* *il/elle/***on bavarde**	*je finis* *tu finis* *il/elle/***on finit**	*j'ai* *tu as* *il/elle/***on a**	*je suis* *tu es* *il/elle/***on est**

3 Choose the correct form of the verb and copy out the text. Then translate the text into English.

Je m'appelle Louise et mon amie s'appelle Anna. On as/a onze ans et on es/est en sixième. On commence/commences les cours à huit heures et demie. On étudie/étudies huit matières. On adores/adore les arts plastiques, mais on n'aime/aimes pas les maths. À la récré, on bavarde/bavardes et on rigoles/rigole. À midi et quart, on mange/manges à la cantine. On finis/finit les cours à cinq heures.

4 Copy and complete the sentences with the *on* form of the verb. Then translate the sentences into English.
Example: **1** On joue au tennis – We play tennis.

1 *jouer* – to play   On ▬ au tennis.
2 *travailler* – to work   On ▬ au collège.
3 *regarder* – to watch   On ▬ un DVD.
4 *écouter* – to listen to   On ▬ la radio.
5 *surfer* – to surf   On ▬ sur Internet.
6 *parler* – to speak/talk   On ▬ français.

The partitive article

The partitive article means 'some'. It has a different form with masculine, feminine and plural nouns. *de l'* is used before a vowel sound or silent h.

le	poulet	(chicken)	→	**du**	poulet	(**some** chicken)
la	glace	(ice-cream)	→	**de la**	glace	(**some** ice-cream)
l'	eau	(water)	→	**de l'**	eau	(**some** water)
les	frites	(chips)	→	**des**	frites	(**some** chips)

You often have to use the partitive article in French where you could miss it out in English.

*Pour le déjeuner, je mange **du** poulet avec **des** frites.* **– For lunch I eat (some) chicken and (some) chips.**

5 Choose the correct option and copy out the sentences.
1 *Aujourd'hui, je mange du/de la/de l'/des steak haché.*
2 *Tu manges du/de la/de l'/des mousse au chocolat?*
3 *Tous les jours, elle mange du/de la/de l'/des frites.*
4 *À la cantine, on mange du/de la/de l'/des pizza.*
5 *Est-ce qu'il mange du/de la/de l'/des crudités?*
6 *Comme dessert, je mange du/de la/de l'/des tarte au citron.*

6 Translate the sentences into French. You can adapt the sentences in exercise 5. Remember to include the partitive article.
1 Today I'm eating strawberry ice-cream.
2 Are you eating chicken?
3 Every day she eats cheese.
4 In the canteen we eat mashed potatoes.
5 Is he eating green beans?
6 For dessert I'm eating yoghurt.

Vocabulaire

Les matières scolaires • *School subjects*

le français	*French*
le théâtre	*drama*
la géographie/la géo	*geography*
la musique	*music*
la technologie	*technology*
l'anglais (m)	*English*
l'EPS (f)	*PE*
l'histoire (f)	*history*
l'informatique (f)	*ICT*
les arts plastiques (m)	*art*
les mathématiques/maths (f)	*maths*
les sciences (f)	*science*

Les opinions • *Opinions*

Tu aimes/Est-ce que tu aimes … ?	*Do you like … ?*
J'aime …	*I like …*
J'aime beaucoup …	*I like … a lot.*
J'aime assez …	*I quite like …*
J'adore …	*I love …*
Je n'aime pas …	*I don't like …*
Je déteste …	*I hate …*
C'est ma matière préférée.	*It's my favourite subject.*
Moi aussi.	*Me too.*
T'es fou/folle.	*You're crazy.*

Les raisons • *Reasons*

C'est …	*It's …*
intéressant	*interesting*
ennuyeux	*boring*
facile	*easy*
difficile	*difficult*
génial	*great*
nul	*rubbish*
marrant	*fun/funny*
On a beaucoup de devoirs.	*We have a lot of homework.*
Le/La prof est sympa.	*The teacher is nice.*
Le/La prof est trop sévère.	*The teacher is too strict.*

Quelle heure est-il? • *What time is it?*

Il est …	*It's …*
huit heures	*eight o'clock*
huit heures dix	*ten past eight*
huit heures et quart	*quarter past eight*
huit heures et demie	*half past eight*
neuf heures moins vingt	*twenty to nine*
neuf heures moins le quart	*quarter to nine*
midi	*midday*
minuit	*midnight*
midi/minuit et demi	*half past twelve (midday/midnight)*

L'emploi du temps • *The timetable*

le lundi	*on Mondays*
le mardi	*on Tuesdays*
le mercredi	*on Wednesdays*
le jeudi	*on Thursdays*
le vendredi	*on Fridays*
À [neuf heures] j'ai [sciences].	*At [nine o'clock] I've got [science].*
le matin	*(in) the morning*
l'après-midi	*(in) the afternoon*
le mercredi après-midi	*on Wednesday afternoon*
la récréation/la récré	*breaktime*
le déjeuner	*lunch*

La journée scolaire • *The school day*

On a cours (le lundi).	*We have lessons (on Mondays).*
On n'a pas cours …	*We don't have lessons …*
On commence les cours à …	*We start lessons at …*
On a quatre cours le matin.	*We have four lessons in the morning.*
On étudie neuf matières.	*We study nine subjects.*
À la récré, on bavarde et on rigole.	*At break, we chat and have a laugh.*
On mange à la cantine.	*We eat in the canteen.*
On finit les cours à …	*We finish lessons at …*
On est fatigués.	*We are tired.*

Qu'est-ce que tu manges? • *What do you eat?/ What are you eating?*

Je mange ...	*I eat/I'm eating ...*
du fromage	*cheese*
du poisson	*fish*
du poulet	*chicken*
du steak haché	*beefburger*
du yaourt	*yoghurt*
de la pizza	*pizza*
de la purée de pommes de terre	*mashed potatoes*
de la glace à la fraise	strawberry ice-cream
de la mousse au chocolat	*chocolate mousse*
de la tarte au citron	*lemon tart*
des crudités	*chopped, raw vegetables*
des frites	*chips*
des haricots verts	*green beans*
Bon appétit!	*Enjoy your meal!*

Les mots essentiels • *High-frequency words*

à	*at*
et	*and*
aussi	*also*
mais	*but*
très	*very*
trop	*too*
assez	*quite*
un peu	*a bit*
pourquoi?	*why?*
parce que	*because*
beaucoup (de)	*a lot (of)*
tous les jours	*every day*
aujourd'hui	*today*
pardon	*excuse me*
merci	*thank you*
est-ce que (tu) ... ?	*do (you) ...?*
qu'est-ce que (tu) ... ?	*what do (you) ... ?*
avec	*with*

Stratégie 2

Cognates and not quite cognates!
A cognate is spelt the same in English as in French. Most of the time they mean exactly the same too, for example:
pizza → pizza

In French there are also lots of words that look similar to English words but are not identical. Often these words have exactly the same meaning as the English (but not always!).
How many of these words can you find on pages 46 and 47? Here's one to get you started:
musique → music

There's also one word on Page 46 that looks (almost) identical to an English word but has a different meaning here. Can you spot it?

So the lesson from this is to use your knowledge of English to help you work out the meanings of French words, but be careful. There are some that can trip you up.

Cycling is one of the most popular hobbies in France. And the Tour de France is the most famous cycle race in the world! Can you find out the last time a Frenchman won the Tour de France?

Football is big in France! Some of the most successful teams are Lyon, Olympique Marseille, PSG and Bordeaux. France beat Brazil to win the World Cup in 1998 at the Stade de France in Paris. Can you name any French-speaking footballers who play for British teams? Do you know where they come from?

There are lots of British and American singers and bands in the French music charts. French teenagers like trying to work out what the English lyrics mean! But there are also loads of great performers who sing in French, such as Grégoire, Abd al Malik, Olivia Ruiz, Christophe Maé and les BB Brunes. Try looking some of them up on the Internet.

Abd al Malik

French TV is a mixture of French programmes and English and American ones dubbed into French. What do you think Homer Simpson or Ugly Betty sound like in French?

samedi 22 août

télé Totale

4

6.00 M6 Boutique

7.15 Fan de...

12.00 Prison Break

10.10 Club

samedi

There are French versions of most of the big websites, such as YouTube, Amazon, eBay, etc. Check them out! Just type in .fr (for France) instead of .com after the name – e.g. www.youtube.fr

Mon ordi et mon portable

- Talking about computers and mobiles
- Using regular –er verbs

1 Écoute et écris la bonne lettre. (1–8)

Exemple: **1** d

> Qu'est-ce que tu fais avec ton ordinateur et avec ton portable?

a
Je joue.

b
Je surfe sur Internet.

c
Je tchatte sur MSN.

d
Je regarde des clips vidéo.

e
Je télécharge de la musique.

f
J'envoie des SMS.

g
Je parle avec mes ami(e)s/mes copains/ mes copines.

h
J'envoie des e-mails.

2 En tandem. Fais un dialogue avec ton/ta camarade.

Exemple:

- ● Qu'est-ce que tu fais avec ton ordinateur?
- ■ Je télécharge de la musique et j'envoie des e-mails.
- ● Qu'est-ce que tu fais avec ton portable?
- ■ Je ...

Studio Grammaire
 Page 64

The verbs in exercise 1 are regular **–er** verbs. They all follow the same pattern.

regard**er** (to watch)

je regard**e**	I watch/I'm watching
tu regard**es**	you watch/you're watching
il/elle/on regard**e**	he/she watches/he/she is watching; we watch/we're watching

Note: *envoyer* (to send) has a slight irregularity: *j'envoie, tu envoies, il/elle/on envoie*

3 Écoute les interviews. Note les *deux* activités et la fréquence. (1–4)

Exemple: **1** Abdoul: h every day, e ...

1 Abdoul **2** Margot **3** Simon **4** Irina

> *quelquefois* – sometimes
> *souvent* – often
> *tous les jours* – every day
> *tous les soirs* – every evening
> *tout le temps* – all the time
> *de temps en temps* – from time to time
> *une fois par semaine* – once a week
> *deux fois par semaine* – twice a week

Lis les phrases à voix haute.

1 Tu regardes tout le temps des clips vidéo!
2 Je parle tous les soirs à mes amis.
3 De temps en temps, tu envoies des SMS.
4 Quelquefois, je tchatte avec mes copines.
5 Tu joues à la console deux fois par semaine.

Écoute et vérifie. (1–5)

> The final **s** or **t** in a French word is usually silent, unless the next letter is a vowel.
>
> mes copains (silent s)
>
> de**s** e-mails (s is pronounced)
>
> In exercise 4 find three words where the final **s** is pronounced.

Tu fais souvent ça? Dis ce que tu fais avec ton ordinateur/ton portable.

Exemple: Je surfe tous les jours sur Internet. Quelquefois, je …

Lis et choisis la bonne réponse.

Exemple: **1** Lucas

Je m'appelle Lucas. Dans ma famille, on adore la technologie!

Moi, je joue tous les jours sur mon ordi. J'aime les jeux de science-fiction. Mais j'adore aussi mon portable. Mon ami David habite à New York, alors on s'envoie souvent des SMS. C'est génial, ça!

Ma mère adore le R&B. Elle a un iPod et une ou deux fois par semaine, elle télécharge de la musique. Elle chante et elle danse aussi! C'est marrant!

Mon père travaille beaucoup sur ordinateur. Tous les soirs, il envoie des e-mails. Mais quelquefois, il joue sur la PlayStation parce qu'il adore les jeux de Formule Un! Finalement, il y a ma sœur. Elle regarde tout le temps des clips vidéo sur YouTube. Elle adore les clips comiques!

les jeux *games*

1 Qui joue tous les jours?
Lucas/la mère de Lucas
2 Qui envoie des SMS?
les parents de Lucas/Lucas et David
3 Qui télécharge de la musique?
Lucas/la mère de Lucas
4 Qui envoie des e-mails?
le père de Lucas/la mère de Lucas
5 Qui joue sur la PlayStation?
Lucas/le père de Lucas
6 Qui regarde des clips vidéo?
la mère de Lucas/la sœur de Lucas

Relis le texte. Complète les phrases en anglais.

Exemple: **1** Lucas plays on his computer every day.

1 Lucas plays on his computer every ▨ .
2 Lucas and David text each other ▨ .
3 Lucas's mum downloads music ▨ a week.
4 His dad sends e-mails every ▨ .
5 ▨ he plays Formula One games.
6 Lucas's sister watches video clips on YouTube ▨ .

Écris un court paragraphe: «La technologie et moi».

Exemple:

> J'envoie tous les jours des e-mails à mes amis. Et de temps en temps, je télécharge de la musique. J'ai aussi une Xbox et je joue souvent avec …

Tu es sportif/sportive?

- Talking about which sports you play
- Using *jouer à*

1 Écoute et complète le texte. (1-3)

Sportif/Sportive ou pas?

Raphaël

Zahra

Karim

Je suis très sportif! Je joue au rugby, je joue au **1** [ ] et je joue au tennis sur la Wii. De temps en temps, je joue aussi au **2** [ ] ! J'adore le sport!

Je suis assez sportive. Je joue au hockey et je joue au **3** [ ]. Je joue aussi au **4** [ ] sur la Wii. Le ping-pong, c'est génial!

Je ne suis pas très sportif, mais je joue au **5** [ ]. Quelquefois, je joue aux boules ou à la **6** [ ] avec mes copains.

tennis de table

pétanque

basket

billard

volleyball

foot

Studio Grammaire » Page 65

You use *jouer à* to say what sports you play.

à + *le* → *au*   Je joue **au** football.
à + *la* → *à la*   Je joue **à la** pétanque.
à + *les* → *aux*   On joue **aux** boules.

En France

The game of **boules** is played outdoors, on a strip of dry earth. You throw the metal ball underarm, with your hand over the top of the ball, trying to get it as close to **le cochonnet** (the jack) as possible. **Pétanque** is a version of boules.

2 Fais un sondage. Pose la question à cinq amis et note les réponses.

Exemple:

- ● Tu es sportif?
- ■ *Oui, je suis assez sportif. Je joue au foot et je joue au volleyball. Et toi, tu es sportive?*
- ● *Non, je ne suis pas très sportive, mais je …*

Tu es sportif/sportive?
Oui, je suis très sportif/sportive. ✓✓✓
Oui, je suis assez sportif/sportive. ✓✓
Non, je ne suis pas (très) sportif/sportive. ✗

3 Écris des phrases sur cinq amis.

Exemple:

Matthew est assez sportif. Il joue au foot et …
Chloe n'est pas très sportive, mais elle joue au tennis sur la Wii …

Je joue	au	basket
		billard
		football (foot)
		hockey
		rugby
		tennis
		tennis de table/
		  ping-pong
		volleyball
			sur la Wii.
			avec mes
			  ami(e)s/
			  mes copains/
			  mes copines.

	à la	pétanque	
	aux	boules	

Écoute et lis. Écris la bonne lettre/les bonnes lettres. (1–4)

Exemple: **1** d

1 Mon sportif préféré est Frédéric Michalak. Il joue au rugby. Il joue pour Toulouse et pour la France.

2 Ma sportive préférée est Justine Henin. Elle joue au tennis. Elle est belge mais elle parle français.

3 Mon sportif préféré joue au basket. Il s'appelle Tony Parker. Il est français, mais il est né en Belgique. Il joue pour les San Antonio Spurs.

4 J'ai deux sportifs préférés. Mes sportifs préférés sont Karim Benzema et Florent Malouda. Benzema vient de France et Malouda vient de Guyane.

> **il est né** he was born

a

 b

 c

 d

 e

Lis les phrases. Écris le bon nom.

Exemple: **1** Karim Benzema

Who …

1 … is a football player and comes from France?

2 … is French but plays for an American team?

3 … is Belgian but speaks French?

4 … is a footballer from French Guiana?

5 … plays for a French city and for his country?

6 … is French but was born in Belgium?

Fais un mini exposé sur le sport.

Exemple:

Je suis assez sportive. Je joue au football et je joue au volleyball. Mon sportif préféré est Frank Lampard. Il joue au foot. Il joue pour Chelsea et pour l'Angleterre.

- *Write down what you want to say in French.*
- *Check carefully that it is correct.*
- *Read it aloud to yourself a few times.*
- *Memorise what you have written, then say it aloud to yourself.*
- *Ask a partner to listen and give you tips for improvement (e.g. pronunciation, grammar, how clearly you speak).*

Fais des recherches sur Internet sur un sportif français et écris un court paragraphe.

Do some Internet research about a French sportsperson and write a short paragraph.

Il/Elle s'appelle …

Il/Elle joue …

Mahamadou Diarra   Karine Icher   Sébastien Chabal

Julie Coin   Christina Bauer   Tariq Kirksay

3 Qu'est-ce que tu fais?

○ Talking about activities
○ Using the verb faire

1 **Associe les images et les phrases.**

Exemple: **1** d

a **Je fais du parkour.**

b **Je fais du patin à glace.**

c **Je fais du roller.**

d **Je fais de la natation.**

e **Je fais de l'équitation.**

f **Je fais des promenades.**

2 **Écoute et vérifie. (1–6)**

3 **Écoute. Copie et complète le tableau en anglais. (1–5)**

Accès Studio *p28*

	When?	activity	When?	activity
1	summer	a *swimming*	winter	dance
2	nice weather	b	rain	judo
3	hot weather	swimming	cold weather	c
4	d	ice-skating	e	horse-riding
5	cold weather	f	g	h

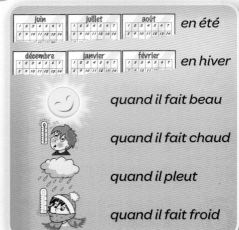

| juin | juillet | août | en été |
| décembre | janvier | février | en hiver |

quand il fait beau

quand il fait chaud

quand il pleut

quand il fait froid

4 **En tandem. Fais trois dialogues. Utilise les images.**

Exemple:

a ● *Qu'est-ce que tu fais en été?*

■ *Je fais du vélo.*

● *Et qu'est-ce que tu fais en hiver?*

■ *Je fais ...*

b ● *Qu'est-ce que tu fais ...* ☺ *?*

■ *Je ...*

● *Et qu'est-ce que tu fais ...* 🌧 *?*

■ *Je ...*

a ● *Qu'est-ce que tu fais ...* [juin juillet août] *?*

■ *Je ...* 🚲

● *Et qu'est-ce que tu fais ...* [décembre janvier février] *?*

■ *Je ...*

c ● *Qu'est-ce que tu fais ...* *?*

■ *Je ...*

● *Et qu'est-ce que tu fais ...* *?*

■ *Je ...*

5 Écris une phrase pour chaque personne de l'exercice 3.

Exemple:

1

En été, je fais de la natation, mais en hiver, je fais de la danse.

Page 64

Studio Grammaire

The verb **faire** means to do or make. You use **faire de** to talk about some sports and other activities. **de** changes to **du**, **de la**, **de l'** or **des**, according to the noun that follows it.

	singular			plural
	masculine	feminine	before a vowel	
	le judo	**la** natation	**l'**équitation	**les** promenades
Je fais	**du** roller	**de** la natation	**de l'**équitation	**des** promenades

faire is irregular:

je **fais** I do   *tu* **fais** you do   *il/elle/on* **fait** he/she does/we do

---

6 **Lis le texte de la chanson. Quels sont les mots qui manquent? Devine!**

Read the text of the song. What are the missing words? Guess!

Ma famille est très active!

Refrain
Ma famille est très active.
Hé-oh, hé-oh, hé!
Elle est aussi très sportive.
Hé-oh, hé-oh, hé!

Mon père fait du **1** ▨▨
tous les jours,
Et ma mère fait souvent du
2 ▨▨.
Du vélo, du parkour,
Ma famille adore le sport!
Ma **3** ▨▨ est très active.
Hé-oh, hé-oh, hé!

Refrain

| **un mystère** | a mystery |
| **rigolo** | funny |

Mon frère **4** ▨▨ du patin en hiver,
Et ma grand-mère, elle fait du roller.

Du patin, du **5** ▨▨
Ma famille, c'est un mystère!

Ma famille est **6** ▨▨ active.
Hé-oh, hé-oh, hé!

Refrain

Mon chien fait du **7** ▨▨
tout le temps,
Et mon chat fait du
8 ▨▨, c'est marrant!
Du skateboard, du judo,
C'est rigolo, c'est rigolo!
Ma famille est très active.
Hé-oh, hé-oh, hé!

To work out what the missing words are:

- *Look for patterns in the song. Which parts are repeated?*
- *Think of rhyming words.*
- *Look at the picture for clues.*

---

7 **Écoute et vérifie. Puis chante!**

8 **Imagine que ta famille est très active! Écris un paragraphe.**

Exemple:

Ma famille est très active! Quand il fait beau, ma mère fait du parkour ...

Include:

- time and frequency expressions *(e.g. en hiver, quand il pleut, tous les jours)*
- opinions *(e.g. c'est marrant, c'est génial).*

J'aime faire ça!

Écoute et trouve la bonne image. (1–8)

Exemple: **1** d

Qu'est-ce que tu aimes faire?

Le soir/Le weekend/Le samedi matin/
Le dimanche après-midi, (etc.) ...

J'aime retrouver mes amies en ville.

J'aime regarder la télévision/la télé.

J'aime jouer sur ma PlayStation.

J'aime écouter de la musique.

J'aime faire les magasins.

J'aime faire du sport.

J'aime traîner avec mes copains.

J'aime téléphoner à mes copines.

Écoute à nouveau. Ils font ça quand? Note en anglais. (1–8)

Listen again. Note in English when they do each activity.

Exemple: **1** in the evenings

Écoute et répète.

en en ville en été en hiver

in matin patin copain Martin

Le matin, en hiver, mon copain Martin fait du patin en ville.

To pronounce **en**, say the English word 'an' without moving your lips or tongue.

To pronounce **in/ain**, smile widely and say the English word 'an' without moving your lips or tongue.

En tandem. Interviewe ton/ta camarade.

Exemple:

● *Qu'est-ce que tu aimes faire le soir?*

■ *Le soir, j'aime regarder la télé.*

● *Qu'est-ce que tu aimes faire le weekend?*

■ *Le samedi/dimanche matin/après-midi/soir, j'adore ...*

● *Qu'est-ce que tu n'aimes pas faire?*

■ *Je n'aime pas/Je déteste ...*

Studio Grammaire

» Page 65

You use *aimer*, *adorer* and *détester*, followed by the infinitive of another verb, to say what you like or don't like doing.

J'aime J'aime beaucoup J'aime assez J'adore	jou**er** ... regard**er** ... écout**er** ... retrouv**er** ...
Je n'aime pas Je déteste	téléphon**er** ... **faire** ...

Associe les phrases de l'exercice 1 et les phrases ci-dessous. Copie les paires de phrases.

Match the sentences from exercise 1 with the sentences below. Copy out the pairs of sentences.

Exemple: **a** J'aime retrouver mes amies en ville.

Je retrouve mes copines chez McDonald's.

> Focus on the verbs:
> ***j'aime jouer*** (I like playing)/
> ***je joue*** (I play)

> ***au centre-ville***
> *in the town centre*

Je joue à *Final Fantasy*.

J'écoute du hip-hop et du rap.

Je fais du shopping le samedi matin.

Je retrouve mes copines chez McDonald's.

Je téléphone à mes copines sur mon portable.

Je traîne avec mes copains au centre-ville.

Je regarde *Doctor Who* et *Les Simpson*.

Je fais du sport le dimanche après-midi.

 Écoute et complète le texte de Yasmine.

Exemple: **1** jouer

J'adore le weekend! Le samedi matin, j'aime
1 ▢ au basket avec ma sœur. Mais en été, je
2 ▢ au tennis avec mon frère.

Le samedi après-midi, j'aime **3** ▢ mes copines en ville. On traîne, on fait du shopping et quelquefois on **4** ▢ de la pizza. C'est chouette!

Le samedi soir, je **5** ▢ la télé, mais j'aime aussi **6** ▢ sur Internet.

Le dimanche matin, j'aime **7** ▢ des promenades avec mon chien. L'après-midi, je fais mes devoirs. Je déteste ça parce que c'est ennuyeux!

Normalement, le dimanche soir, j'aime **8** ▢ de la musique.

Et toi? Qu'est-ce que tu fais le weekend?
Yasmine

Studio Grammaire » *Page 65*

Notice the difference between saying you **do** something and you **like** doing something.

Je *joue*	I play
J'aime *jouer*	I like playing
Je *regarde*	I watch
J'aime *regarder*	I like watching

 Prépare et dis six phrases sur ton weekend. Si possible, parle de mémoire.

> *In three of the sentences, say what you **do**; in the other three, say what you **like doing**.*

 Écris une réponse à Yasmine.

1 Écoute et lis. Mets les images dans le bon ordre.

Exemple: c, ...

a

Mon copain Guillaume a un passetemps original. Il fait de la lutte!

Il s'entraîne trois fois par semaine. D'abord, il fait du jogging. Ensuite, il fait de la musculation. Puis il fait de la natation. C'est fatigant, mais il adore faire de la lutte.

D'habitude, le samedi, il a un match. Samedi dernier, il a gagné le match. Il est champion régional.

Le soir, Guillaume aime regarder la télé. Qu'est-ce qu'il regarde? Il regarde la lutte, bien sûr!

b

c

d

e

2 Relis le texte et complète les phrases en anglais.

1 Guillaume's hobby is ▊.
2 He trains ▊ a week.
3 First of all he goes ▊.
4 Then he does ▊.
5 Then he goes ▊.
6 Usually on ▊ he has a match.
7 Last Saturday Guillaume ▊ the match.

3 Écoute la description du passetemps de Marie. Choisis la bonne réponse. (1–6)

Exemple: **1** Marie fait de la gymnastique.

1 Marie fait de l'équitation/de la gymnastique.
2 Elle s'entraîne trois/quatre fois par semaine.
3 D'abord, elle fait du vélo/du roller.
4 Puis elle fait de la natation/des promenades.
5 Dimanche dernier, elle a gagné/perdu une compétition. Elle est championne régionale!
6 Le soir, Marie aime regarder la télé/écouter de la musique.

4 Lis le texte. Complète les phrases.

Exemple: **1** Rémi et Dimitri **sont** des clowns.

Rémi, Dimitri, Luna et Marina étudient à une école du cirque.

Rémi et Dimitri sont des clowns, mais ils sont aussi des acrobates. Ils adorent la comédie! Ils s'entraînent quatre fois par semaine – ils font de la musculation. Le soir, ils jouent au foot ou ils regardent la télé.

Luna et Marina sont des funambules. Elles marchent sur une corde suspendue en l'air. C'est très difficile! Elles s'entraînent tous les jours – elles font de la gymnastique et de la danse. Le soir, elles écoutent de la musique. Elles aiment le R&B.

1 Rémi et Dimitri ▨ des clowns.
2 Ils ▨ la comédie.
3 Ils ▨ de la musculation.
4 Le soir, ils ▨ au foot ou ils ▨ la télé.
5 Luna et Marina ▨ des funambules.
6 Elles ▨ de la gymnastique et de la danse.
7 Le soir, elles ▨ de la musique.
8 Elles ▨ le R&B.

5 Écoute et vérifie. (1–8)

Studio Grammaire
 Page 65

There are two words for 'they' in French: ***ils*** for male, ***elles*** for female. (For a mixture of male and female, use ***ils***.)

The *ils/elles* form of regular –*er* verbs ends in –*ent*. (The –*ent* ending is silent.)

*Ils aim**ent** le sport.* – They like sport.
*Elles regard**ent** la télé.* – They watch TV.

The verbs ***être*** (to be) and ***faire*** (to do) are irregular:
*ils/elles **sont*** – they are
*ils/elles **font*** – they do

6 Regarde les images et écris les phrases.

Exemple: **1** Ils aiment le sport.

1 Il aime le sport.   Ils …
2 Il regarde la télé.
3 Elle écoute de la musique.   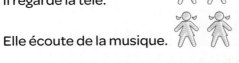 Elles …
4 Elle fait du judo.
5 Il joue au tennis.
6 Elle est sympa.

7 Regarde les images. Décris le weekend de Thomas et Tariq ou de Claire et Clarisse.

Exemple: Le vendredi soir, (Thomas et Tarik)/(Claire et Clarisse) regardent la télé. Le samedi matin, (ils)/(elles) …

a le vendredi soir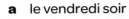
b le samedi matin
c le samedi après-midi
d le samedi soir
e le dimanche matin
f le dimanche après-midi
g le dimanche soir

Bilan

Unité 1

I can

- ask someone what he/she does on his/her computer or mobile: *Qu'est-ce que tu fais avec ton ordinateur/ ton portable?*
- say what I do: *Je surfe sur Internet. /J'envoie des SMS.*
- say how often I do things: *J'envoie tous les jours des e-mails.*
- ☐ use regular –*er* verbs: *je joue, tu joues, il/elle/on joue*
- tell when to pronounce the *s* at the end of a word: *De temps en temps, tu regardes des clips vidéo.*

Unité 2

I can

- ask someone whether he/she is sporty: *Tu es sportif/sportive?*
- say whether I am sporty: *Je suis assez sportif/sportive.*
- say what sports I play: *Je joue au basket.*
- talk about my favourite sportsperson: *Mon sportif préféré joue au tennis.*
- ☐ use *jouer à* correctly: *Je joue au football./Tu joues à la pétanque.*

Unité 3

I can

- talk about what activities I do: *Je fais du vélo.*
- say when I do things: *Quand il pleut, je fais du judo.*
- ☐ use *faire de* correctly: *Je fais du judo./Elle fait des promenades.*

Unité 4

I can

- ask someone what he/she likes doing: *Qu'est-ce que tu aimes faire?*
- say what I like and don't like doing: *J'aime/Je n'aime pas regarder la télé.*
- say when I do things: *Le samedi matin, je fais du roller.*
- ☐ use *aimer, adorer* and *détester* + an infinitive: *J'adore écouter de la musique.*
- ☐ use different ways of talking about my spare time: *J'aime aller à la piscine. Je retrouve mes amis à la piscine.*
- pronounce *en* and *in* correctly: *en hiver, du patin*

Unité 5

I can

- describe what other people do: *Elle s'entraîne deux fois par semaine.*
- use sequencing words like *d'abord, ensuite* and *puis*: *D'abord, il fait du jogging. Ensuite, il fait de la musculation.*
- talk about more than one person: *Ils/elles aiment le R&B.*
- ☐ use the *ils* and *elles* form of verbs: *Ils/elles jouent au billard.*

Écoute et note la bonne lettre. (1–6)

Exemple: **1** d

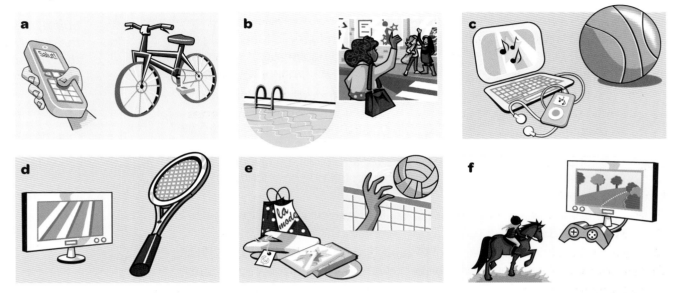

a

b

c

d

e

f

En tandem. Interviewe ton/ta camarade. Change les mots soulignés.

● *Qu'est-ce que tu fais le soir?*

■ *Je joue sur ma PlayStation et j'écoute de la musique.*

● *Et qu'est-ce que tu fais le weekend?*

■ *Je fais de la natation et je retrouve mes amis en ville.*

Lis le texte et trouve les quatre phrases correctes.

Je m'appelle Nadia. Je ne suis pas très sportive, mais je joue au tennis de table sur la Wii. J'aime aussi regarder le sport à la télé. Mon sportif préféré est Serge Betsen. Il joue au rugby. Ma copine Élodie aime faire du judo. Elle s'entraîne trois fois par semaine. D'abord, elle fait du jogging. Ensuite, elle fait de la natation. Le samedi après-midi, je retrouve Élodie en ville et on fait les magasins.

Nadia

1 Nadia is not very sporty.

2 She plays tennis every day.

3 Her favourite sportsman is a rugby player.

4 Nadia does judo.

5 Élodie trains three times a week.

6 First Élodie goes swimming, then she goes jogging.

7 Nadia and Élodie meet in town on Saturday mornings.

8 They go shopping together.

Écris un court paragraphe sur tes passetemps.

Include the following:

- Are you sporty? What sports do you do?
- What do you like doing in the evenings?
- What do you do at the weekends?

Try to add details of what somebody else does (e.g. a friend or a family member).

En plus: J'adore les sports extrêmes!

① Lis le blog en 30 secondes. Choisis le bon titre en anglais pour chaque paragraphe.

Read the blog in 30 seconds. Choose the correct English heading for each paragraph.

Exemple: **Paragraph 1:** c

Coucou! Je m'appelle Maelys et j'ai douze ans. J'habite avec ma famille à Chamonix, en France. Chamonix, c'est une assez petite ville à la montagne, dans les Alpes.

Ma passion, c'est les sports extrêmes! J'aime habiter ici parce qu'il neige beaucoup et j'adore faire du snowboard. Alors, en hiver, après le collège, je retrouve mes copains et on fait du snowboard. C'est hypercool!

En été, quand il fait beau, on fait du skate ou du roller dans le parc parce que c'est rigolo.

Mes sportifs préférés sont Charles Gagnon et Julien Cudot. Charles Gagnon est canadien. Il a dix-huit ans et il fait du snowboard. Il est très impressionnant! Julien Cudot a seize ans et il fait du roller. Il a gagné le championnat de France de roller en 2007.

S'il pleut, je reste à la maison. Je regarde le sport à télé ou je joue au tennis sur la Wii avec mon frère Théo. (D'habitude, c'est moi qui gagne!)

À part le sport, j'adore la technologie! Tous les jours, j'envoie des e-mails et j'aime aussi surfer sur Internet. Quelquefois, je télécharge de la musique sur mon iPod. Mon groupe préféré, c'est les BB Brunes.

Le soir, j'envoie des SMS ou je parle avec ma meilleure copine Natascha sur mon portable. Mes parents disent que je suis trop bavarde! Mais ce n'est pas vrai!!!

À bientôt.

Maelys

> Read longer texts quickly first, to get the gist. Then read them again more slowly, for the detail.

a What I do in summer
b My best friend
c Where I live
d My favourite sportsmen
e I love snowboarding!
f My computer
g What I do if it rains

② Trouve cinq mots nouveaux dans le texte. Devine ce que c'est en anglais et explique pourquoi.

Find five new words in the text. Guess what they mean and explain why.

③ Relis le texte. Copie et complète les phrases.

Exemple: **1** Elle s'appelle Maelys.

1 Elle s'appelle …
2 Son groupe préféré s'appelle …
3 En hiver, son sport préféré, c'est …
4 En été, ses sports préférés sont …
5 Sa ville s'appelle …
6 Sa meilleure copine s'appelle …

Studio Grammaire

There are three words for 'his' or 'her' in French, depending on whether the noun that follows is masculine or feminine singular, or plural.

singular		plural
masculine	feminine	
son	sa	ses

son frère – his/her brother
sa ville – his/her town
ses parents – his/her parents

Lis les phrases. Qui est-ce? Choisis la bonne réponse.

Exemple: **1** Maelys et sa famille

1 Ils habitent à Chamonix.
2 Elle aime les sports extrêmes.
3 Ils font du roller dans le parc.
4 Ils jouent au tennis sur la Wii.
5 Il vient de Canada.
6 Il est champion de roller.
7 Elles parlent souvent le soir.
8 Ils disent que Maelys est trop bavarde.

Maelys   les parents de Maelys

Maelys et Natascha   Maelys et ses copains

Julien Cudot   Charles Gagnon

Maelys et sa famille   Maelys et son frère

 Copie et améliore le texte.

Copy and improve the text.

> Je m'appelle David. J'ai onze ans. Je joue au football. Je joue au rugby. Je fais du skateboard. J'écoute de la musique. Je surfe sur Internet. Je regarde des clips vidéo.

 Find the following in Maelys's blog. Use them in exercise 5.

- connectives (e.g. **et/mais/aussi/ou**)
- intensifiers (e.g. **très/trop/assez**)
- opinions (e.g. **J'aime** … /**J'adore** … / **Ma passion, c'est** … /**C'est** + adjective)
- reasons (e.g. **parce que** …)
- time and frequency expressions (e.g. **en hiver/le soir/tous les jours** …)
- weather phrases with quand and si (**quand il fait beau** … /**s'il pleut** …)

 Écris un blog sur tes passetemps.

Adapt Maelys's blog:
- introduce yourself: name, age, where you live
- describe your hobbies: what you do, when, where, who with
- say what you do with other people, using *on*
- include information on favourite sportspeople, using *il/elle/ils/elles*
- include examples of the features in the tip box for exercise 5.

See page 130 for advice on using a dictionary.

Vérifie et corrige ton texte.

Check and correct your text.

Check:
- spelling
- accents
- adjective endings (e.g. *bavard/bavarde*)
- verb structures (e.g. *J'**aime** le foot/J'**aime jouer au** foot/Je **joue au** foot*).
- verb endings (e.g. *Je joue* and *Il/Elle/On joue*, but *Ils/Elles jou**ent**, Je **fais**, Il/Elle/On **fait**;/Ils/Elles **font***).

Verbs – the present tense

You use the present tense in French to say what you do or what you are doing.

Most verbs in French are regular **–er** verbs (e.g. *surf**er*** – to surf, *jou**er*** – to play, *regard**er*** – to watch). The endings of regular **–er** verbs all follow the same pattern.

*regard**er*** (to watch)	
*je regard**e***	I watch (also, I'm watching)
*tu regard**es***	you watch (singular, informal)
*il/elle/on regard**e***	he/she watches/we watch
*nous regard**ons***	we watch
*vous regard**ez***	you watch (plural and formal)
*ils/elles regard**ent***	they watch

Note: *envoyer* (to send) has a slight irregularity: *j'envo**ie**, tu envo**ies**, il/elle/on envo**ie***

1 Find the parts of eleven **–er** verbs in the word snake. Then complete the sentences using the correct verbs.

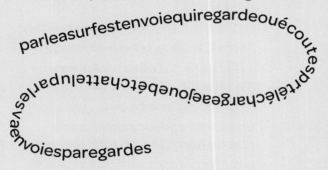

parleasurfestenvoiequiregardeouécoutesprtéléchargeajouebètchattuparlesvaenvoiesparegardes

1 Je ▬ sur ma PlayStation.
2 Tu ▬ sur Internet tous les soirs!
3 Il ▬ sur MSN.
4 Elle ▬ des e-mails.
5 Tu ▬ un DVD?
6 Je ▬ avec mes copains sur mon portable.
7 Tu ▬ de la musique sur ton iPod?
8 On ▬ des clips vidéo.

2 Write three sentences in French, each using one of the leftover verbs from exercise 1.

faire

faire (to do or make) is an important irregular verb.

*je **fais***	I do/make (I'm doing/making)
*tu **fais***	you do/make (singular, informal)
*il/elle/on **fait***	he/she does/makes; we do/make
*nous **faisons***	we do/make
*vous **faites***	you do/make (plural/formal)
*ils/elles **font***	they do/make

singular			plural
masculine	**feminine**	**before a vowel**	
le *vélo*	**la** *natation*	**l'***équitation*	**les** *promenades*
*Je fais **du** vélo.*	*Tu fais **de** la natation.*	*Elle fait **de** l'équitation.*	*On fait **des** promenades.*

You use **faire de** to talk about some sports and other activities. **de** has a different form with masculine, feminine and plural nouns.

3 Write six sentences in French, using the correct form of *faire de*.

Example: **1** Je fais du judo.

1 Je **2** Il  **3** On **4** Tu **5** Mon frère **6** Ma sœur

jouer à

You use **jouer à** to talk about playing a sport or a game. **à** has a different form with masculine, feminine and plural nouns. (Most sports are masculine singular.)

singular		plural
masculine	feminine	
le rugby	**la** pétanque	**les** boules
Je joue **au** rugby.	Tu joues **à la** pétanque?	Il/Elle/On joue **aux** boules.

4 Translate the following sentences into French, using the correct form of *jouer à*.

1 I play snooker.
2 Do you play table tennis?
3 She plays golf.
4 He plays cards.
5 I play chess.
6 We play snap.

la bataille	snap	**les cartes**	cards
le golf	golf	**les échecs**	chess

Using verbs with nouns and infinitives

There are three ways you can talk about the activities you do.

present tense verb: *Je **joue** au football.*
      – I play football.

j'aime + noun: **J'aime le football**.
      – I like football.

j'aime + infinitive: **J'aime jouer** *au football*.
      – I like playing football.

adorer (to love) and *détester* (to hate) work in the same way as *aimer*.

You can also use *aimer* with **ne … pas**, to say what you don't like doing.

J'adore regarder *la télé, mais* **je n'aime pas** *le sport et je* **déteste faire** *les magasins.*

5 Copy and complete the grid.

j'aime + noun	j'aime + infinitive	present tense verb
J'aime le tennis.		Je joue au tennis.
	J'aime faire de la natation.	
J'aime la télé.		
	J'aime écouter la radio.	
J'aime mes copains.		Je retrouve mes copains en ville.

6 Write six sentences about the activities you do. Use the three ways of talking about activities.

Saying 'they' in French

There are two words for 'they' in French: **ils** for male, **elles** for female. (For a mixture of male and female, use **ils**.) The ils/elles form of regular –er verbs ends in –ent. (The –ent ending is silent.)

*Ils télécharg**ent** de la musique.* – They download music.
*Elles jou**ent** sur la PlayStation.* – They play on the PlayStation.

The verbs **être** (to be) and **faire** (to do) are irregular:
ils/elles **sont** – they are   ils/elles **font** – they do

7 Write sentences using the pictures and the *ils/elles* form of the verb.
Example: **1** Ils jouent au rugby.

Vocabulaire

Les ordinateurs et les portables
• Computers and mobile phones

Qu'est-ce que tu fais ...	What do you do/are you doing ...
avec ton ordinateur?	on your computer?
avec ton portable?	on your mobile phone?
Je joue.	I play/I'm playing games.
Je surfe sur Internet.	I surf/I'm surfing the net.
Je tchatte sur MSN.	I chat/I'm chatting on MSN.
Je regarde des clips vidéo.	I watch/I'm watching video clips.
Je télécharge de la musique.	I download/I'm downloading music.
J'envoie des SMS.	I text/I'm texting.
Je parle avec mes ami(e)s/ mes copains/ mes copines.	I talk/I'm talking to my friends/mates.
J'envoie des e-mails.	I send/I'm sending e-mails.

La fréquence • Frequency

quelquefois	sometimes
souvent	often
tous les jours	every day
tous les soirs	every evening
tout le temps	all the time
de temps en temps	from time to time
une fois par semaine	once a week
deux fois par semaine	twice a week

Le sport • Sport

Je joue ...	I play ...
au basket	basketball
au billard	billiards/snooker
au foot(ball)	football
au hockey	hockey
au rugby	rugby
au tennis	tennis
au tennis de table/ au ping-pong	table tennis
au volleyball	volleyball
à la pétanque/aux boules	boules
sur la Wii	on the Wii
Tu es sportif/sportive?	Are you sporty?
Je suis (assez) sportif/ sportive.	I'm (quite) sporty.
Je ne suis pas (très) sportif/sportive.	I'm not (very) sporty.
Mon sportif/Ma sportive préféré(e) est ...	My favourite sportsman/ sportswoman is ...

Qu'est-ce que tu fais? • What do you do?

Je fais du judo.	I do judo.
Je fais du parkour.	I do parkour.
Je fais du patin à glace.	I go ice-skating.
Je fais du roller.	I go roller-skating.
Je fais du skate.	I go skateboarding.
Je fais du vélo.	I go cycling.
Je fais de la danse.	I do dance.
Je fais de la gymnastique	I do gymnastics.
Je fais de la natation.	I go swimming.
Je fais de l'équitation.	I go horse-riding.
Je fais des promenades.	I go for walks.

Quand? • When?

en été	in summer
en hiver	in winter
quand il fait beau	when it's good weather
quand il fait chaud	when it's hot
quand il pleut	when it rains
quand il fait froid	when it's cold

Qu'est-ce que tu aimes faire? • *What do you like doing?*

le soir/le weekend	*in the evenings/ at the weekends*
le samedi matin/ après-midi/soir	*on Saturday mornings/ afternoons/evenings*
J'aime ...	*I like ...*
... retrouver mes amis en ville.	*... meeting my friends in town.*
... regarder la télévision (la télé).	*... watching TV.*
... jouer sur ma PlayStation.	*... playing on my PlayStation.*
... écouter de la musique.	*... listening to music.*
... faire les magasins.	*... going shopping.*
... faire du sport.	*... doing sport.*
... jouer au football.	*... playing football.*
... traîner avec mes copains.	*... hanging out with my mates.*
... téléphoner à mes copines.	*... phoning my mates.*

Qu'est-ce qu'ils font? • *What do they do?*

Il fait de la lutte.	*He does wrestling.*
Elle fait du jogging.	*She goes jogging.*
Elle a gagné le match.	*She won the match.*
Il est champion régional.	*He's the regional champion.*
Elle s'entraîne (trois) fois par semaine.	*She trains (three) times a week.*
Ils font de la musculation.	*They do weight training.*
Elles écoutent de la musique.	*They listen to music.*
Ils jouent au foot.	*They play football.*
Elles regardent la télé.	*They watch TV.*
Ils sont des clowns.	*They're clowns.*
Elles aiment le R&B.	*They like R&B.*

Les mots essentiels • *High-frequency words*

sur	*on*
en (été)	*in (summer)*
quand	*when*
tout/toute/tous/toutes	*all*
par (deux fois par semaine)	*per (twice a week)*
d'habitude	*usually*
d'abord	*first of all*
ensuite	*then/next*
puis	*then/next*

Stratégie 3

Words that won't go away!

When you learn French in *Studio* you see that some words come up again and again. No matter what you're talking about they're there all the time. These are 'high-frequency words'. Because they occur so often they are extremely important. You need to know what they mean.

These *Vocabulaire* pages at the end of each module all contain a selection of high-frequency words. However, there are lots more. Look through the words on these pages and see how many more you can find. Write down what they mean in English. Here are a couple to start you off:

je

très

France is twice as big as the UK, but has about the same population. So there's loads more space for people to escape from each other, go off-roading, bungee jumping, mountain climbing …

There are 4,668 kilometres of coastline. That means loads of places to laze around and have picnics, go swimming and sunbathe. French weather is better than ours!

Many parts of the coast are named after stones and colours such as emerald and opal. You might have heard of some, e.g. Côte d'Azur, Côte Vermeille …

More people in France live in the countryside than in Britain. Many of them work in agriculture. The French have fabulous food and wine, which is one of the reasons why people love going there for their holidays!

Can you name these sights in Paris?

Everyone knows Paris. It's a fantastically beautiful and famous city. But there are lots more great towns in France. Can you name five more?

France has about 100 theme parks, including Parc Astérix.

© Parc Astérix

There are 41 000 cafés in France. Young people sometimes go there after school to play 'flipper' or 'babyfoot', but they love their Nintendo DS too!

1 Là où j'habite

○ Talking about your town/village
○ Using il y a … /il n'y a pas de …

Écoute. Qu'est-ce qu'il y a dans la ville/le village? Écris la bonne lettre. (1–10)

Exemple: **1** f

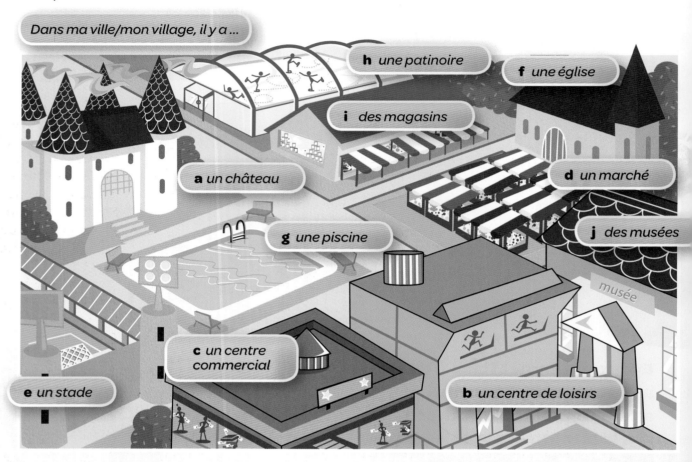

Dans ma ville/mon village, il y a …

h *une patinoire*

f *une église*

i *des magasins*

a *un château*

d *un marché*

g *une piscine*

j *des musées*

c *un centre commercial*

e *un stade*

b *un centre de loisirs*

Écoute. Qu'est-ce qu'il y a? Qu'est-ce qu'il n'y a pas? Note les informations en anglais. (1–5)

Exemple: **1** swimming pool, no ice rink

En tandem. Décris une ville. Ton/ta camarade dit la bonne lettre.

Exemple:

● *Il y a un stade, mais il n'y a pas de château.*

■ *C'est b.*

> ## Studio Grammaire
>
> *Il y a …*   There is … /There are …
> *Il n'y a pas de …*   There isn't a … /There are no …
> With the negative, the article (*un, une*) is replaced by **de**.
> *Il n'y a pas **de** château.*
> *Il n'y a pas **de** musée.*

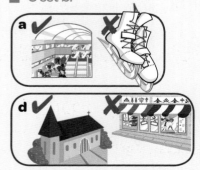

Écoute et écris la bonne lettre/les bonnes lettres. (1–5)

Exemple: **1** a

a *C'est bien.*
b *C'est super.*
c *C'est intéressant.*

d *C'est ennuyeux.*
e *C'est vraiment nul.*
f *C'est trop petit.*

Lis et note: vrai (V) ou faux (F)?

Exemple: **1** V

Emma – J'habite à Gironde-sur-Dropt. C'est une petite ville. Il y a un centre commercial, mais il n'y a pas de musée. Je pense que c'est joli, mais c'est un peu ennuyeux. Tu es d'accord?

Astrid – Moi, j'habite à Saint-Laurent-du-Bois. C'est un village. Il n'y a pas de magasin, il n'y a pas de café, mais il y a un hôtel. À mon avis, c'est nul.

Mo – Moi, j'habite à La Réole. Il y a un cinéma et aussi un centre commercial, mais il n'y a pas de musée. Je pense que c'est un endroit intéressant.

Sami – J'habite à Poitiers. À mon avis, c'est génial. Il y a des cafés et des restaurants. Il y a un centre commercial. Il y a aussi un centre de loisirs et un stade. Je pense que c'est super. Qui est d'accord?

joli	pretty

1 There's no museum in Gironde-sur-Dropt.
2 Emma thinks her town is quite interesting.
3 There's no hotel in Saint-Laurent-du-Bois.
4 There's a cinema and a shopping centre in La Réole.
5 There are cafés in Poitiers.
6 Sami isn't keen on Poitiers.

Accès Studio p22

En tandem. Fais quatre conversations: une très positive, une assez positive, une assez négative et une très négative.

Tu aimes ta ville/ton village?			
Oui, ... à mon avis je pense que	c'est	très assez	bien joli intéressant
		super	
Non, ... à mon avis je pense que	c'est	trop un peu	ennuyeux petit
		nul	
Tu es d'accord?			
Oui, je suis d'accord.			
Non, je ne suis pas d'accord.			

Écris un paragraphe sur ta ville/ton village.

J'habite à ...
Il y a ...
Mais il n'y a pas de ...
C'est une ville/un village.
Il y a aussi ...
À mon avis, c'est ...

Perdu dans le parc d'attractions!

- Giving directions
- Understanding when to use tu and vous

1 Écoute. Écris la bonne lettre et la bonne direction. (1–8)

Exemple: **1** b ←

←	C'est à gauche
→	À droite
↑	Tout droit
✽	Au carrefour

a

le restaurant

b

le petit train

c

le manège

d

l'hôtel

e

la rivière enchantée

f

la soucoupe volante

g

les autos tamponneuses

h

les chaises volantes

2 En tandem. Quelle est la question?
Demande le chemin pour chaque attraction.

> **Où est ... ?** – Where is ... ?
>
> **Où sont ... ?** – Where are ... ?

En France

The French use **monsieur** (sir), **madame** (madam) and **mademoiselle** (miss) much more than the British do.

Studio Grammaire

Use **tu** when talking to one person you know well.
Use **vous** when talking to an adult, in a formal situation or to more than one person.

> Pardon, où est le restaurant?

> Vous allez tout droit, monsieur. Au carrefour, vous tournez à droite, puis vous tournez à gauche!

3 En tandem. Fais deux conversations avec *tu* et deux avec *vous* au parc d'attractions. Change les détails soulignés.

*Make up two conversations using **tu** and two using **vous**. Change the underlined details.*

Pardon ...
- Où est le restaurant/le petit train, s'il te plaît? Où sont les chaises volantes, s'il te plaît?
- ■ Tu vas tout droit. Puis tu tournes à droite/à gauche.
- Merci.

- Pardon, monsieur/madame/mademoiselle, où est le restaurant/le petit train, s'il vous plaît? Où sont les chaises volantes, s'il vous plaît?
- ■ Vous allez tout droit. Puis vous tournez à droite/à gauche.
- Merci, monsieur/madame/mademoiselle.

4 Écris le message en anglais.

Le restaurant est **entre** les autos tamponneuses et les chaises volantes, **derrière** le manège, mais **devant** le petit train.

vous êtes ici

5 Où vont-ils? Écoute et écris la bonne lettre. (1–8)

Where are they going? Listen and write the correct letter.

Exemple: **1** d

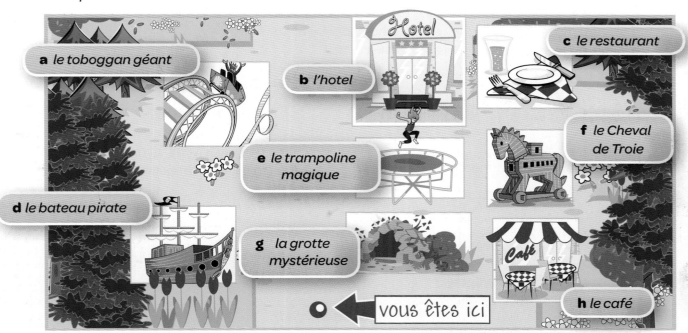

a le toboggan géant

b l'hotel

c le restaurant

d le bateau pirate

e le trampoline magique

f le Cheval de Troie

g la grotte mystérieuse

h le café

vous êtes ici

6 Regarde le plan et lis le message. C'est quelle attraction?

Tu vas entre la grotte mystérieuse et le bateau pirate. Tu tournes à droite et tu passes derrière la grotte mystérieuse et devant le trampoline magique. Tu vas tout droit et c'est derrière le café.

7 Tu es dans le parc d'attractions. Écris des SMS pour tes copains.

Exemple:

Tu vas tout droit, puis tu tournes à gauche. Au carrefour, tu vas tout droit, puis tu tournes à droite. À tout de suite!

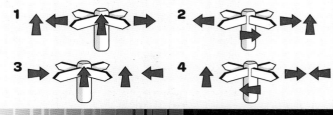

3

Le weekend

- Talking about where you go
- Using à + the definite article

1 Lis les textes et réponds aux questions.

Exemple: **1** Emma and Alice

Tu vas où le weekend?

Magali
Le weekend, je vais au centre commercial. Quelquefois, je vais au musée ou je vais à la patinoire.

Nino
Normalement le weekend, je vais au stade et au centre de loisirs. Le dimanche, je vais à l'église ou à la piscine.

Emma et Alice
On va au marché et on va au château. Quelquefois, on va au café. C'est génial.

Who ...

1 goes to the market?
2 goes to the museum?
3 goes to the café?
4 goes to the ice rink?
5 goes to the shopping centre?
6 goes to the swimming pool?
7 goes to church?
8 goes to the castle?

> **Studio Grammaire** » Page 84
>
> **à** (to) changes when it is followed by the definite article:
> **à** + **le** → **au** cinéma
> **à** + **l'** → **à l'**église
> **à** + **la** → **à la** patinoire
> **à** + **les** → **aux** magasins
> *Je vais **au** cinéma.* – I go **to the** cinema.

2 Écoute. Copie et complète le tableau. (1–4)

	Où?	Avec qui?
Lara	*centre commercial*	*copines*
Aurélien		
Sarah		
Youssuf		

> **Studio Grammaire** » Page 84
>
> **aller** (to go) is an irregular verb:
> je **vais** — I go
> tu **vas** — you go (singular, informal)
> il/elle/on **va** — he/she goes/we go
> nous **allons** — we go
> vous **allez** — you go (plural/formal)
> ils/elles **vont** — they go

3 En tandem. Fais des dialogues.

1  **2**

Tu vas où le weekend?				
Je vais	au	café/centre de loisirs/ centre commercial/ marché/stade	avec	mon copain/frère.
	à l'	église		ma copine/sœur.
	à la	patinoire/piscine		mes copains/ copines/parents.
	aux	magasins		

3  **4**

5

> Extend your sentences by including information about frequency with **d'habitude** (usually), **quelquefois** (sometimes) and **tous les weekends** (every weekend). Also add an opinion.
>
> **D'habitude, le weekend,** je vais au centre commercial avec mes copines. **J'aime ça, c'est génial.**

Lis le texte et fais un graphique.

Read the text and draw a graph of the results.

On a fait un sondage en classe. Voici la question posée:

«Tu vas où le weekend?»

Voici les résultats.

Le weekend, dix personnes vont à la piscine.

Six personnes vont au stade.

Trois personnes vont au café.

Une personne va à la patinoire.

Huit personnes vont au centre commercial.

Cinq personnes vont au centre de loisirs.

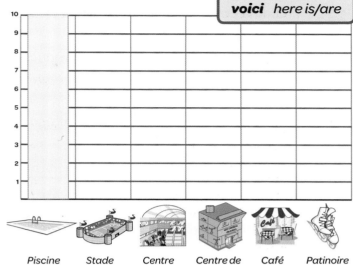

voici *here is/are*

Piscine   Stade   Centre commercial   Centre de loisirs   Café   Patinoire

Fais le même sondage dans ta classe.

Écris une description de tes résultats.

Exemple:

Quatre personnes vont au centre de loisirs.

À trois. Jeu du Weekend.

Règles du jeu

1 Tous les joueurs placent leur pion dans la case départ.
2 À tour de rôle, on lance le dé et on avance son pion.
3 Lis la consigne à haute voix.
4 Le joueur qui arrive au parc d'attractions le premier a gagné.

la consigne	the instruction
À toi	Your go
Lance le dé	Throw the die
Passe un tour	Miss a turn
J'ai gagné!	I've won!

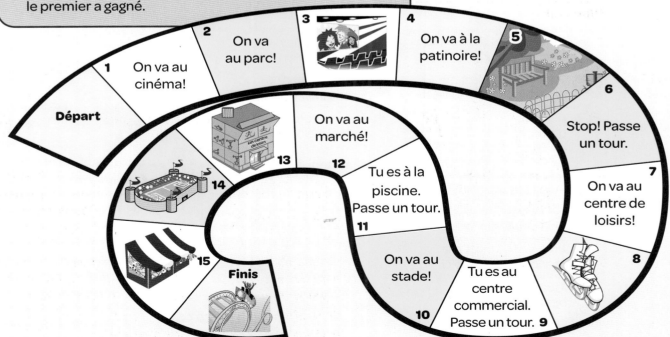

Départ

1 On va au cinéma!

2 On va au parc!

3

4 On va à la patinoire!

5

6

Stop! Passe un tour.

7 On va au centre de loisirs!

8

Tu es au centre commercial. Passe un tour. 9

On va au stade! 10

Tu es à la piscine. Passe un tour. 11

12 On va au marché!

13

14

15

Finis

Coucou!

○ Asking someone to go somewhere
○ Using je veux/tu veux + infinitive

Écoute et lis. Associe les dialogues et les bonnes images. (1–6)

Exemple: **1** b

1 ● *Tu veux aller au centre-ville dimanche après-midi?*

◼ *Non merci, je n'ai pas envie.*

2 ● *Tu veux aller au cinéma vendredi soir?*

◼ *Non merci, c'est ennuyeux.*

3 ● *Tu veux aller au MacDo dimanche matin?*

◼ *D'accord, si tu veux.*

4 ● *Tu veux aller à la patinoire samedi soir?*

◼ *Ben non, c'est vraiment nul.*

5 ● *Tu veux aller au parc samedi après-midi?*

◼ *Oui, je veux bien.*

6 ● *Tu veux aller aux magasins samedi matin?*

◼ *Ah oui, super.*

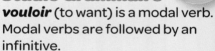

Écoute et chante.

Lulu Veux-tu sortir aujourd'hui?

Tina Oui, peut-être cet après-midi.

Lulu Veux-tu aller au parc avec ma sœur?

Tina Mouais, c'est ennuyeux, mais si tu veux.

Aline Je ne suis pas d'accord, c'est super! Je m'appelle Aline, je suis sa sœur!

Lulu Veux-tu aller plus tard au centre-ville?

Tina Oui, je veux bien. Génial!

Lulu Veux-tu aller à la patinoire demain soir?

Tina Ben, non merci, j'ai beaucoup de devoirs.

Lulu Veux-tu aller à la piscine avec moi mardi?

Tina Euh, non merci, je n'ai pas envie.

Lulu Jeudi après-midi, veux-tu aller au ciné?

Tina Aller au ciné? Oui! Bonne idée!

Lulu Veux-tu aller au Café Pénélope? C'est génial. C'est super top.

Tina Aller au café? Je n'aime pas ça. Franchement, je préfère rester chez moi.

Studio Grammaire ≫ Page 85

vouloir (to want) is a modal verb. Modal verbs are followed by an infinitive.

vouloir	to want
je **veux** aller	I want to go
tu **veux** jouer	you want to play
il/elle/on **veut** sortir	he/she wants; we want to go out
Tu veux **sortir?**	Do you want to go out?

franchement   to be honest

Écoute et répète.

Tu veux … ennuyeux …
Euh, ben, mouais

> To make the sound 'eux' stick your lips out and up, then make an 'uh' sound.
> Use fillers to sound French! ***Euh … ben … mouais …***

 Mets les images dans l'ordre de la chanson.

Exemple: f, …

a  **b**  **c**

d  **e**  **f**

 Relis la chanson. Trouve ces phrases en français.

1 today
2 this afternoon
3 Thursday afternoon
4 perhaps

5 I don't agree
6 I have a lot of homework
7 I prefer
8 I don't like that

 À trois. Fais un dialogue.

- Two of you make up a conversation. Try to make it as long as possible.
- The third person says what he/she thought of the pronunciation and the language used.

Tu veux aller	au/à la/aux … (café/patinoire/ magasins)	lundi/mardi …	matin/après-midi/soir?

☺	☹
D'accord. *Oui, je veux bien.* *Génial!* *Super!* *Oui, c'est super top.* *Bonne idée!*	*Si tu veux.* *Non merci.* *Non, je n'ai pas envie.* *C'est vraiment nul!* *C'est ennuyeux!*

Bravo! Super!

Intéressant! Pas mal.

C'est super, la prononciation.

C'est bien, la prononciation.

Il y a un problème de prononciation.

 Écris une chanson ou un poème.

- Choose a place and a day.
- Invite someone to go with you.
- Include his/her response: yes or no + opinion.
- Write five verses.

Qu'est-ce qu'on peut faire à ... ?

○ *Saying what you can do in town*
○ *Using* on peut + infinitive

1 **Écoute et écris les bonnes lettres. (1–4)**

Exemple: **1** f, ...

> Qu'est-ce qu'on peut faire à Châlons-en-Champagne?   On peut ...

visiter les musées

visiter les monuments

visiter les jardins

manger au restaurant

aller au concert

jouer au babyfoot et au flipper au café

faire une promenade en barque

faire du roller ou du skate

faire du vélo

faire du bowling

2 **En tandem. Décris les villes. Quelle ville préfères-tu?**

● *Qu'est-ce qu'on peut faire à ... ?*
■ *On peut ...*
● *Quelle ville préfères-tu?*
■ *Moi, je préfère ... parce que j'aime (faire du vélo/jouer au flipper/visiter les monuments/faire du roller).*

Studio Grammaire

» *Page 85*

pouvoir (to be able) is a modal verb. Modal verbs are followed by an infinitive.

pouvoir	to be able
je **peux**	I can/am able
tu **peux**	you can/are able
il/elle/on **peut**	he/she can/is able; we can/are able
on peut **aller**	we can go
Je peux **aller** aux toilettes?	Can I go to the toilet?

Metz

Rouen

Strasbourg

Annecy

Lis l'e-mail de Thibault. Corrige les phrases.

Là où j'habite

J'habite à Toulouse. C'est une grande ville. C'est la ville rose!

À Toulouse, il y a des magasins, des musées et des monuments. Il y a beaucoup de restaurants et de cafés. Il y a aussi un stade, mais il n'y a pas de patinoire et il n'y a pas de halle de glisse. On peut faire du bowling ou du vélo. J'adore ça. On peut aller au concert. On peut faire une promenade sur la rivière. C'est génial.

Moi, je vais au café avec mes copains. D'habitude, je joue au babyfoot.

Quelquefois, je vais à la piscine. Tous les weekends, je vais au parc avec mon frère. On rigole et on joue au foot.

J'aime habiter à Toulouse. À mon avis, c'est joli et c'est intéressant. Tu es d'accord?

Thibault

il y a beaucoup de	*there are a lot of*
une halle de glisse	*skate hall*

1 Thibault habite à ~~Agen~~. *Toulouse*
2 Il y a des magasins, des marchés et des monuments.
3 Il n'y a pas beaucoup de restaurants.
4 Il y a une patinoire.
5 Thibault déteste le bowling.
6 D'habitude, au café, il joue au flipper.
7 Tous les weekends, il va au centre-ville avec son frère.
8 Thibault n'aime pas sa ville.

Écoute. Comment est Villandraut? Note les informations en anglais.

Exemple: Villandraut – small village, ...

Prépare un exposé sur ta ville/ton village.

Là où j'habite

J'habite à ... C'est une (grande) ville/un (petit) village ...

Il y a ...

Il y a aussi ...

Mais il n'y a pas de ...

On peut ...

Moi, je ...

D'habitude, ...

Quelquefois, ...

Tous les weekends, ...

J'aime habiter ici./Je n'aime pas habiter ici.

À mon avis, c'est ...

Use this module and Thibault's e-mail to find out how to include:
- *connectives (e.g. **et, mais, ou**)*
- *opinions (e.g. **J'adore ça, c'est génial. Bravo! Super! Intéressant. Pas mal.**)*

When your classmates have finished their presentations, award them one, two or three stars for each of these categories:

* Pronunciation * Confidence and fluency * Using longer sentences

Try to be constructive in your comments. If you think someone could do better, suggest what he/she could improve and how.

When you start learning a language it can be frustrating because you can't say everything you want to. Be patient. Don't try to say anything too complicated at this stage. If you use a dictionary make sure you know how to use it properly (see page 130).

Écris une description de ta ville virtuelle idéale. Cherche les mots inconnus dans un dictionnaire.

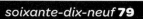

Bilan

Unité 1

I can

say what there is in my town or village:	*Il y a une patinoire et une piscine.*
give my opinion:	*C'est joli/vraiment nul.*
ask someone if he/she agrees:	*Tu es d'accord?*
say whether I agree or disagree:	*Oui, je suis d'accord. À mon avis, c'est super.*
	Non, je ne suis pas d'accord.
	Je pense que c'est ennuyeux.
use *il y a* and *il n'y a pas de*:	*Il y a des magasins, mais il n'y a pas de centre de loisirs.*

Unité 2

I can

ask where something is:	*Pardon, où est le restaurant?*
give directions:	*Vous allez tout droit, monsieur.*
understand when to use *tu* and *vous*:	*Tu tournes/Vous tournez à gauche.*
use the prepositions *devant*, *derrière* and *entre*:	*Le café est entre le restaurant et le manège.*

Unité 3

I can

talk about where I go:	*Je vais au centre-ville.*
say when I go somewhere and who with:	*Normalement le weekend, je vais au stade avec mes copains.*
use *à* + the definite article:	*Je vais à la patinoire/au cinéma.*
use the present tense of *aller:*	*Tu vas où le weekend?*
	Ils vont à la piscine.

Unité 4

I can

ask someone to go somewhere:	*Tu veux aller au café samedi matin?*
accept/decline an invitation:	*D'accord. Génial./Non merci. Je n'ai pas envie.*
comment on someone's pronunciation:	*C'est super, la prononciation.*
use *je veux* and *tu veux* + infinitive:	*Tu veux aller au cinéma samedi soir?*

Unité 5

I can

say what you can do in a town:	*On peut manger au restaurant.*
give a reason for a preference:	*Moi, je préfère … parce que j'aime faire du vélo.*
give a short presentation on where I live:	*J'habite à Toulouse. C'est une grande ville.*
	Il y a des magasins, mais il n'y a pas de …
use *on peut* + infinitive:	*On peut visiter les musées.*

Révisions

Écoute. Copie et complète le tableau en anglais. (1–4)

	things to do in town	where they go	opinion
Romain	*museums, monuments*		
Yara			
Bianca			
Younis			

En tandem. Fais des dialogues.

Exemple:

1 ● *Où est le manège?*

◼ *Tu tournes à gauche, puis au carrefour, tu tournes à droite.*

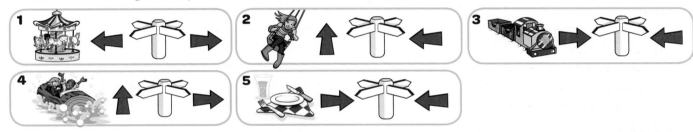

Lis l'e-mail et corrige les phrases.

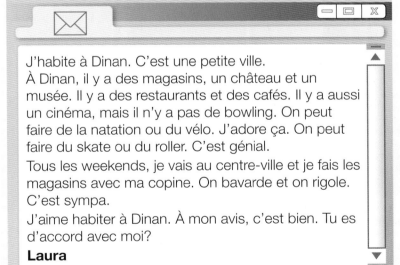

J'habite à Dinan. C'est une petite ville.
À Dinan, il y a des magasins, un château et un musée. Il y a des restaurants et des cafés. Il y a aussi un cinéma, mais il n'y a pas de bowling. On peut faire de la natation ou du vélo. J'adore ça. On peut faire du skate ou du roller. C'est génial.

Tous les weekends, je vais au centre-ville et je fais les magasins avec ma copine. On bavarde et on rigole. C'est sympa.

J'aime habiter à Dinan. À mon avis, c'est bien. Tu es d'accord avec moi?

Laura

                                               petite

1 Dinan, c'est une grande ville.

2 À Dinan, il y a des magasins, un château et un bowling.

3 On peut faire de l'équitation ou du vélo.

4 Laura va tous les jours au centre-ville.

5 Elle fait les magasins avec sa mère.

6 Laura n'aime pas habiter à Dinan.

Propose une sortie pour chaque jour de la semaine. Donne ton opinion sur chaque destination.

Exemple:

Tu veux aller au cinéma lundi? J'adore ça.

1 Sylvain va parler de sa ville, Besançon. Prédis ce que tu vas entendre. Copie et remplis le tableau.

Sylvain is going to talk about his town, Besançon. Predict what you might hear. Copy the grid and fill it in.

nouns	
activities	
verbs (infinitive forms)	
other structures	*il y a*
connectives	
intensifiers	

> *Improving listening skills: Before listening, think about what you might hear. Anticipating the kind of language that will come up will help your understanding.*

Besançon

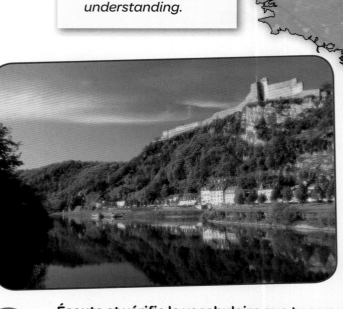

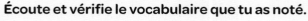

2 Écoute et vérifie le vocabulaire que tu as noté.

3 Écoute à nouveau et choisis la bonne réponse.

1 Besançon est dans l'ouest/l'est de la France.

2 À Besançon, il y a un centre commercial/un centre de loisirs et un cinéma.

3 Sylvain adore les jardins/l'aquarium.

4 À Besançon, on peut jouer au babyfoot/au mini-golf.

5 Le musée s'appelle le musée du Temps/le musée de la Citadelle.

6 Le weekend dernier, Sylvain a fait du canoë-kayak avec son frère/son père.

Écoute et lis le texte.

Je découvre la France ...

La mer du Nord et la Manche bordent la France au nord-ouest. La Méditerranée borde la France au sud, et à l'ouest il y a l'océan Atlantique.

Six pays importants touchent la France: la Belgique, le Luxembourg, l'Allemagne, la Suisse, l'Italie et l'Espagne.

Paris est la capitale de la France. Ici, on peut visiter des monuments. Il y a 80 musées et 200 galeries d'art.

Les régions de la France sont très diverses. Si tu aimes l'histoire, tu peux visiter les châteaux de la Loire. Si tu préfères le grand air, tu peux faire des randonnées dans les Pyrénées ou les Alpes. Et en hiver, on peut faire du ski. Génial!

Le Rhône, la Loire, la Seine et la Garonne sont des fleuves très importants. On peut faire une promenade en barque sur le Canal du Midi. Au bord de la mer, on peut faire du surf. Cool!

En France, il y a des plateaux et des plaines, des forêts, des lacs, des fleuves et des rivières. On t'attend chez nous!

des fleuves	rivers that flow into the sea
des rivières	rivers that flow into other rivers

Donne les informations suivantes mentionnées dans le texte.

- six countries bordering France
- four rivers that flow into the sea
- four seas/oceans
- two mountain ranges
- five geographical features

Choisis une région de France et fais des recherches.
Prépare un exposé pour ta classe.

Région:
Villes principales:
Attractions:
Géographie:
Activités/loisirs:

Make sentences longer using **si.**

Si tu aimes l'histoire, tu peux visiter les châteaux de la Loire.

– **If** you like history, you can visit the castles in the Loire Valley.

J'ai choisi ...
Les villes principales sont ...
À ... il y a ...
Il y a des plateaux/des plaines/des forêts/des lacs/des fleuves/des rivières/des montagnes/des plages ...
On peut ...

aller

aller (to go) is an important irregular verb.

je **vais**	I go	nous **allons**	we go
tu **vas**	you go (singular, informal)	vous **allez**	you go (plural/formal)
il/elle/on **va**	he/she goes/we go	ils/elles **vont**	they go

1 Choose the correct verb, then translate the sentences into English.
Example: **1** Elle va à la piscine. – She goes/is going to the swimming pool.

1 Elle vais/va à la piscine.
2 Six personnes va/vont au stade.
3 Je vas/vais souvent au cinéma.
4 Tu vas/va à la patinoire.
5 Elles allons/vont tous les jours au centre commercial.

6 Vous allez/allons au centre de loisirs?
7 Il va/vont au café avec son frère.
8 On va/vais tous les weekends au parc.
9 Nous allez/allons au château.

Looking for patterns in language:

Try to make links as you're learning French. Look for patterns to help you memorise things. Think about why you're using a particular article. If you're not sure, check the gender in a wordlist or a dictionary.

	singular			plural
	masculine	feminine	before vowel sound	
the	**le**	**la**	**l'**	**les**
a	**un**	**une**	**un/une**	**des**
to the	**au**	**à la**	**à l'**	**aux**

2 Correct the mistakes in the sentences.

1 J'aime le maths.
2 Je vais aux stade ce soir.
3 Tu aimes le magazines?
4 Mon frère joue à la foot tous les soirs.
5 J'adore la tennis.

3 *au, à la, à l'* or *aux*? Complete the messages.

1 Je vais ▬ parc.
2 On va ▬ café.
3 Tu vas ▬ stade?
4 Elle va ▬ hôtel.
5 Il va ▬ patinoire.
6 Nous allons ▬ piscine.

4 Complete the text.

J'habite à Rennes, en Bretagne, avec mon père et ma sœur. Ma sœur a les cheveux blonds et **1** ▬ yeux bleus. Elle joue **2** ▬ foot avec moi. J'aime habiter à Rennes. Il y a **3** ▬ centre de loisirs et **4** ▬ magasins, mais il n'y a pas de patinoire. Je vais **5** ▬ parc tous les jours avec mes copains après **6** ▬ collège. On va aussi **7** ▬ café et on joue **8** ▬ babyfoot. J'adore ça.

Modal verbs

vouloir (to want) and *pouvoir* (to be able) are modal verbs.

vouloir	to want	*pouvoir*	to be able
*je **veux***	I want	*je **peux***	I can/am able
*tu **veux***	you want (singular, informal)	*tu **peux***	you can/are able (singular, informal)
*il/elle/on **veut***	he/she wants/we want	*il/elle/on **peut***	he/she can/is able; we can/are able
*nous **voulons***	we want	*nous **pouvons***	we can/are able
*vous **voulez***	you want (plural/formal)	*vous **pouvez***	you can/are able (plural/formal)
*ils/elles **veulent***	they want	*ils/elles **peuvent***	they can/are able

Modal verbs are followed by an infinitive.

*je veux **aller*** – I want to go

*on peut **visiter*** – you can visit

5 Find five sentences in this word snake. Write them out, then translate them into English.

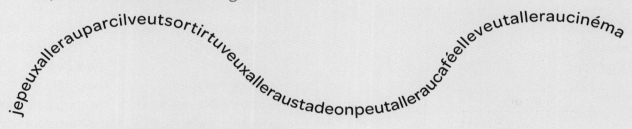

jepeuxallerauparcilveutsortirtuveuxalleraustadeonpeutalleraucaféelleveutalleraucinéma

6 Choose the correct option to complete each sentence.

1 Je peux visite/visitez/visiter les monuments.

2 On peut manges/manger/mangez au restaurant.

3 Tu veux aller/allez/vas en ville?

4 On peut fait/faire/fais une promenade en bateau.

5 Tu veux surfe/surfer/surfes sur Internet?

6 On peut jouer/joues/jouez au tennis.

7 Elle veut faire/fait/faisons du roller.

8 Je veux jouez/jouer/joues au babyfoot.

7 Translate the sentences into French.

1 He can go to the ice rink.

2 She wants to play football.

3 Do you want to go to the shopping centre?

4 We can go to the park.

5 I want to play video games.

6 I don't want to go out.

7 He doesn't want to play tennis.

8 I can go to the concert.

Vocabulaire

Là où j'habite • *Where I live*

Qu'est-ce qu'il y a … ?	*What is there … ?*
Il y a …	*There is …*
un café	*a café*
un centre commercial	*a shopping centre*
un centre de loisirs	*a leisure centre*
un château	*a castle*
un cinéma	*a cinema*
une église	*a church*
un hôtel	*a hotel*
un marché	*a market*
un parc	*a park*
un restaurant	*a restaurant*
un stade	*a stadium*
une patinoire	*an ice rink*
une piscine	*a swimming pool*
des magasins	*shops*
des musées	*museums*
Il n'y a pas de …	*There isn't a … / There are no …*

Les opinions • *Opinions*

Tu aimes ta ville/ ton village?	*Do you like your town/ village?*
Je pense que …	*I think that …*
À mon avis, …	*In my view …*
C'est …	*It's …*
bien	*good*
super	*great*
joli	*pretty*
intéressant	*interesting*
ennuyeux	*boring*
vraiment nul	*really rubbish*
trop petit	*too small*
J'aime ça.	*I like that.*
J'adore ça.	*I love that.*
Tu es d'accord?	*Do you agree?*
Oui, je suis d'accord.	*Yes, I agree.*
Non, je ne suis pas d'accord.	*No, I disagree.*

Les directions • *Directions*

Pardon …	*Excuse me …*
Où est … ?	*Where is … ?*
Où sont … ?	*Where are … ?*
C'est …	*It's …*
à gauche	*left*
à droite	*right*
tout droit	*straight on*
au carrefour	*at the crossroads*
entre	*between*
derrière	*behind*
devant	*in front of*

Les attractions • *Attractions*

le bateau pirate	*the pirate ship*
le manège	*the merry-go-round*
le Cheval de Troie	*the Trojan horse*
le petit train	*the little train*
le toboggan géant	*the giant slide*
le trampoline magique	*the magic trampoline*
la grotte mystérieuse	*the mysterious grotto*
la rivière enchantée	*the enchanted river*
la soucoupe volante	*the flying saucer*
l'hôtel	*the hotel*
les autos tamponneuses	*the dodgems*
les chaises volantes	*the flying chairs*

Les adverbes de fréquence • *Expressions of frequency*

d'habitude	*usually*
normalement	*normally*
quelquefois	*sometimes*
tous les weekends	*every weekend*

Coucou! • *Hi there!*

je veux	*I want*
tu veux	*you want (singular, informal)*
il/elle veut	*he/she wants*
on veut	*we want*
nous voulons	*we want*
vous voulez	*you want (plural/formal)*
ils/elles veulent	*they want*
Bonne idée!	*Good idea!*
Super!	*Fabulous!*
Génial!	*Great!*
D'accord.	*OK.*
Oui, c'est super top.	*Yes, that's really great.*
Oui, je veux bien.	*Yes, I want to.*
Non, je n'ai pas envie.	*No, I don't want to.*
Si tu veux.	*If you want to.*
Non merci.	*No, thanks.*

Qu'est-ce qu'on peut faire à … ? • *What can you do at/in … ?*

je peux	*I can*
tu peux	*you can (singular, informal)*
il/elle/on peut	*he/she can/we can*
nous pouvons	*we can*
vous pouvez	*you can (plural/formal)*
ils/elles peuvent	*they can*
aller au concert	*go to a concert*
faire du bowling	*go bowling*
faire du roller	*go roller-skating*
faire du skate	*go skateboarding*
faire du vélo	*go cycling*
faire une promenade en barque	*go on a boat trip*
jouer au babyfoot et au flipper au café	*play table football and pinball at the café*
manger au restaurant	*eat at a restaurant*
visiter les jardins/ les monuments/ les musées	*visit gardens/ monuments/ museums*

Les mots essentiels • *High-frequency words*

assez	*quite*
mais	*but*
ou	*or*
puis	*then*
très	*very*

Stratégie 4

Mnemonics

One way of remembering new words is to invent a mnemonic: a rhyme or saying that sticks easily in the mind. Here's an example from the word list on page 86, but it's best to make up your own – you'll find them easier to remember/harder to forget.

My
Aunt
Gets
Alligator
Shoes
In
Normal
Shops

You can't learn every word like this – it would take ages! But it's a great way of learning those words that just don't seem to stick.

Lille

Rouen

Paris

Strasbourg

Rennes

Le Mans

Tours

Poitiers

La Rochelle

Clermont-Ferrand

Bordeaux

Grenoble

Nice

Perpignan

Marseille

The most popular holiday destination for French people is ... France! No wonder – it's a huge country, with loads of fantastic beaches, mountains, rivers and countryside. Which part of France would you choose for a holiday?

You can stay in Paris and go to the beach! Every year, the Paris authorities bring in tonnes of sand to create a beach on the banks of the river Seine! It's called Paris–Plage.

When French people go abroad, the top three countries they visit are:
1 Spain
2 Italy
3 Germany.

(Source: Francoscopie 2007)

Lots of French people also go for *vacances à la neige* – winter skiing holidays (literally 'snow holidays') – in the Alps or the Pyrenees. Have you ever been skiing? Would you like to try it?

In the long summer holidays, many French children go off to a *colo – une colonie de vacances* (holiday camp). There are camps all over France and you can do some amazing activities.

One of the most popular snacks in France is a *croquemonsieur*. It's a toasted cheese and ham sandwich. Do you know how to make one?

Like most European countries, France uses the euro as its currency. There are 100 cents in a euro. The euro symbol is € and you write it *after* the number, with a comma between the euros and the cents (e.g. 2,50€).

Should the UK change from pounds to euros?

Les vacances, mode d'emploi

○ Using *nous* to say 'we'
○ Talking about your holidays

Accès Studio p26

1 Écoute et écris la bonne lettre. (1–5)

Exemple: **1** b

> Que fait ta famille pendant les grandes vacances, normalement?

> Tous les ans, ...
> Normalement, ... } nous allons/restons ...

a
en France

b
en Espagne

c
en Grèce

d
en Italie

e
aux États-Unis

f
au Portugal

2 Écoute à nouveau. À la campagne, à la montagne ou à la mer?
Écris la bonne lettre. (1–5)

Exemple: **1** c

a

b

c

Studio Grammaire »
Page 104

As you've learned, **on** can be used to mean 'we'.
nous also means 'we'.
The verb ending for **nous** is **–ons**.

–*er* verbs, e.g. rest*er*	aller	faire
nous rest**ons** (we stay)	nous **allons**	nous **faisons**

3 Fais un sondage dans la classe. Fais un graphique des résultats.

Exemple:

● *Que fait ta famille pendant les grandes vacances, normalement?*

■ *Normalement, nous allons en Italie. Nous allons à la mer.*

Écoute et écris les bonnes lettres. (1–3)

Exemple: **1** d, ...

a Nous visitons des monuments.

b Nous allons au restaurant.

c Nous faisons du camping.

d Nous faisons de la rando.

e Nous faisons de la natation.

f Nous faisons des activités sportives.

Lis les textes et réponds aux questions en anglais.

Exemple: **1** Adélaïde

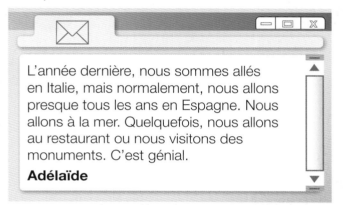

L'année dernière, nous sommes allés en Italie, mais normalement, nous allons presque tous les ans en Espagne. Nous allons à la mer. Quelquefois, nous allons au restaurant ou nous visitons des monuments. C'est génial.

Adélaïde

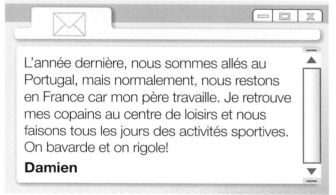

L'année dernière, nous sommes allés au Portugal, mais normalement, nous restons en France car mon père travaille. Je retrouve mes copains au centre de loisirs et nous faisons tous les jours des activités sportives. On bavarde et on rigole!

Damien

Who ...

1 normally goes to Spain?
2 normally stays in France?
3 normally goes to the beach?
4 went to Portugal last year?
5 went to Italy last year?
6 does a lot of sporting activities?

l'année dernière	last year
nous sommes allés	we went
presque	almost

Écoute. Que fait William pendant les grandes vacances? Prends des notes en anglais.

Que fait ta famille pendant les vacances? Prépare un exposé.

- say where you went on holiday last year
- say where you normally go
- say whether you go to the sea/ the countryside or the mountains
- say what you do (at least three things)
- give an opinion

L'année dernière, nous sommes allés ...
Normalement, nous allons en/au ...
Nous allons ...
Nous faisons ...
C'est ...

Écris ton exposé.

Write out your presentation.

To reach a higher level, include a reason.

Nous allons à la montagne **parce que mon père adore les randos.**

Je me prépare ...

○ Talking about getting ready to go out

○ Using reflexive verbs (singular)

1 Écoute et écris la bonne lettre. (1–10)

Exemple: **1** a

a

Je me douche.

b

Je me fais une crête.

c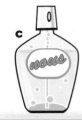

Je me parfume.

d

Je m'habille.

e

Je me brosse les cheveux.

f

Je me lave les dents.

g

Je me regarde dans la glace.

h

Je me prépare.

i

Je me maquille.

j

Je me rase

Studio Grammaire

>> Page 104

Reflexive verbs are used for actions you do to yourself. They include a reflexive pronoun.

*se prépar**er***	to get ready
*je **me** prépare*	I get ready
*tu **te** prépar**es***	you get ready
*il/elle/on **se** prépare*	he/she gets ready/we get ready

If the verb begins with a vowel sound, the pronoun changes:

*je **m'**amuse*	I have a good time/amuse myself
*il **s'**habille*	he gets dressed

2 En tandem. Réponds à ces questions par une phrase affirmative ou une phrase négative.

Exemple: **1** Oui, je me douche.
Non, je ne me douche pas.

1 Tu te douches?

2 Tu te maquilles?

3 Tu te brosses les cheveux?

4 Tu te laves les dents?

5 Tu t'habilles?

6 Tu te regardes dans la glace?

> **!** ***ne*** *goes in front of the reflexive pronoun and **pas** goes after the verb.*
>
> *Je **ne** me maquille **pas**. – I don't put on make-up.*

3 Écoute et chante.

Que fais-tu quand tu te prépares ...	Je me rase et je me lave les dents.
Que fais-tu quand tu te prépares ...	Je me rase et je me lave les dents.
Que fais-tu quand tu te prépares ...	Je me rase et je me lave les dents.
Pour sortir le soir?	Se préparer, c'est amusant!
Je me douche et je me maquille.	Que fais-tu quand tu te prépares ...
Je me douche et je me maquille.	Que fais-tu quand tu te prépares ...
Je me douche et je me maquille.	Que fais-tu quand tu te prépares ...
Ensuite je m'habille.	Pour sortir le soir?

Trouve ces phrases en français dans la chanson.

1 What do you do when you get ready?
2 Then I get dressed.
3 I brush my teeth.

4 Getting ready is fun!
5 To go out in the evening.

Lis et note: vrai (V) ou faux (F)?

Exemple: **1** V

> D'abord, je me douche et je me lave les dents. Ensuite, je me brosse les cheveux et je me maquille. Je mets du gel pailleté, du glitter, quoi. Quelquefois, je me fais des mèches, mais pas aujourd'hui! Ensuite, je me parfume et puis finalement, je m'habille. Je suis prête! J'aime me préparer. C'est le top du top! Ciao.
>
> **Salomé**

> Alors oui, je me prépare, je me fais beau. D'abord, je me douche et ensuite, je me coiffe. Normalement, je me fais une crête avec du gel. Pour l'instant, je ne me rase pas, mais ça va venir! Je me lave les dents et puis je me parfume. C'est important ça! Je mets mes lunettes de soleil, je me regarde dans la glace et voilà! Je suis prêt. À plus tard!
>
> **Rémi**

du gel pailleté	*glitter gel*
je me coiffe	*I do my hair*
je me fais des mèches	*I put in some highlights*
prêt(e)	*ready*

1 D'abord, Salomé se douche et se lave les dents.
2 D'abord, Rémi se douche et ensuite, il se coiffe.
3 Salomé se brosse les cheveux et se maquille.
4 Rémi se fait des mèches.

5 Salomé ne se parfume pas.
6 Rémi ne se rase pas pour l'instant.
7 Salomé déteste se préparer.
8 Rémi met un chapeau.

Que fais-tu quand tu te prépares pour sortir?

Quand je me prépare pour sortir, …
D'abord, je me … et …
Ensuite, je me …
Quelquefois, je me … , mais pas aujourd'hui!
Et puis finalement, je me …
Je suis prêt(e)!
J'aime/Je n'aime pas me préparer, c'est …

> To make your sentences more effective, use expressions of time and frequency:
>
> **d'abord** – first
> **ensuite** – next
> **puis** – then
> **finalement** – finally
> **quelquefois** – sometimes

3 Au Café de la Plage

① Associe les chiffres et les mots.

Match the numbers to the words.

Exemple: 40 – quarante

*Use what you know to work out the numbers, e.g. What does **quatre-vingts** literally mean? Now do the maths! How many is that?*

(40) (45) (50) (55) (60) (65) (70) (75) (80) (85) (90) (95)

soixante-cinq   quarante   quatre-vingts   soixante-dix   cinquante   quatre-vingt-quinze

cinquante-cinq   quatre-vingt-dix   soixante-quinze   quarante-cinq   soixante   quatre-vingt-cinq

② Écoute et vérifie.

③ À quatre. Joue au loto!

In fours. Play bingo!

Règles du jeu

1 You need one caller and three players.
2 The caller makes a list of all the numbers from exercise 1.
3 The players note down any four of those numbers.
4 The caller calls the numbers in random order, ticking them off on the list.
5 The first player to have all four numbers called is the winner and says 'Loto!'

BINGO

12	18	41	47	61
7	26	39	54	70
4	27	32	49	63
5	23	35	58	73
3	30	31	52	75

④ Écoute. Ils ont combien d'argent? (1–5)

Listen. How much money have they got?

Exemple: **1** 10,50€

| **j'ai soif** | I'm thirsty |
| **tu as faim** | you're hungry |

⑤ En tandem. Mets les phrases dans le bon ordre et fais un dialogue.

Exemple:

● *Tu as soif?*

■ *Oui, ...*

D'accord. Allons-y!   Oui, j'ai faim et j'ai soif!

On va au café?   Tu as combien d'argent?   Tu as soif?

Pas beaucoup. J'ai 3,70€.   J'ai 12,80€. Et toi, tu as combien?

6 **Regarde le menu et les photos. Complète les prix sur le menu.**

Look at the menu and the photos. Fill in the prices on the menu.

Exemple: un café 1,50€

Café de la Plage – Menu

Boissons chaudes

un café	**1**	
un café-crème	**2**	
un thé (au lait/au citron)	**3**	
un chocolat chaud	2,80€	

Boissons fraîches

un jus d'orange	**4**	
un coca	2,60€	
un Orangina	**5**	
une limonade	2,50€	

Cassecroûtes

un sandwich (au fromage/au jambon)	**6**	
un croquemonsieur	**7**	
une crêpe	**8**	
une glace (à la vanille/à la fraise/au chocolat)	3,35€	

a 2,50€

b 2,50€

c 3,00€

d 2,60€

e 2,50€

f 4,50€

g 1,50€

h 2,60€

7 **Écoute. Qu'est-ce qu'ils commandent au Café de la Plage?**
Note en anglais. (1–5)

What do they order at the beach café? Note in English.

8 **En groupe. Imagine que tu vas au Café de la Plage avec tes copains.**

Exemple:

● *Vous désirez, monsieur/mademoiselle?*

■ *Je voudrais ... , s'il vous plaît.*

● *Et pour vous, monsieur/mademoiselle?*

9 **Écris un menu pour le Café Fou! Ensuite, écris un dialogue.**

Exemple:

un thé au fromage   2,70€

Je vais aller en colo!

○ Talking about holiday plans
○ Using the near future tense

1 Écoute. Qu'est-ce qu'ils vont faire pendant les vacances? Écris la bonne lettre. (1–6)

What are they going to do in the holidays? Write down the correct letter.

Exemple: **1** c

Qu'est-ce que tu vas faire pendant les vacances?   Je vais ...

a nager dans la mer

b faire de la voile

c aller à la pêche

d rester au lit

e faire de la planche à voile.

f danser

Studio Grammaire

Page 105

You use **aller** (to go) plus an infinitive to say what you are going to do. This is called the near future tense.

Je **vais** aller au cinéma.	I'm going to go to the cinema.
Tu **vas** danser.	You're going to dance.
Il/Elle/On **va** jouer au foot.	He's/She's/We're going to play football.
Nous **allons** nager dans la piscine.	We're going to swim in the swimming pool.
Vous **allez** rester à la maison.	You're going to stay at home.
Ils/Elles **vont** sortir.	They're going to go out.

2 Lis le texte et réponds aux questions.

Exemple: **1** Hugo

> Je vais aller en Espagne avec ma famille. Tous les jours, je vais jouer au volleyball sur la plage et nager dans la mer.
>
> **Medhi**
>
> S'il fait beau, on va faire un barbecue dans le jardin. On va manger du steak et des saucisses! Miam-miam!
>
> **Hugo**
>
> Je vais rester au lit jusqu'à midi! Le soir, je vais sortir avec mes copains. On va danser et on va faire du karaoké. On adore ça!
>
> **Éloïse**

Who is ...

1 going to eat outdoors?
2 going to sing and dance?
3 going to go abroad?
4 going to go out with friends?
5 going to go swimming?
6 going to catch up on some sleep?

3 En tandem. Fais un dialogue. Utilise les images A, B ou C.

Exemple:

● Qu'est-ce que tu vas faire pendant les vacances?

■ Je vais rester au lit. Puis je vais ... Et toi, qu'est-ce que tu vas faire?

A   B   C

Lis le texte. Regarde les images: Nathan fait ça normalement ou il va faire ça en colo?

Read the blog. Look at the pictures: does Nathan normally do each activity or is he going to do it at holiday camp?

Exemple: Normalement: e, ...
           En colo: ...

Normalement, je vais en vacances avec mes parents. Je nage dans la mer et le soir, nous allons au restaurant. De temps en temps, nous visitons aussi des monuments. Moi, je trouve ça ennuyeux parce que je préfère faire du sport et retrouver mes copains au parc.

Mais cette année, je vais partir en colo dans un camp d'ados dans les Alpes! Je vais faire du VTT, du rafting et de l'escalade! On va faire de l'accrobranche aussi – c'est une activité où tu montes dans les arbres (regarde la photo!). Hypercool, non? On va dormir sous des tentes. C'est génial parce que j'adore faire du camping!

Nathan

de l'accrobranche	*treetop adventures*
du VTT	*mountain biking*
de l'escalade	*climbing*

a b c  d e f  g  h

Écoute. C'est au présent ou au futur? Écris P ou F. (1–10)

Exemple: **1** P

Écris des phrases.

Exemple: Normalement, je vais en Espagne, mais cette année, je vais aller en France.

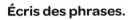

	1	2	3	4	5	6
Normalement ...						Invente un autre exemple!
Cette année ...						

Present tense:	Near future tense:
je danse/je fais/je joue/je mange/je nage/je vais	je vais danser/je vais faire/je vais jouer/je vais manger/ je vais nager/je vais aller

Mes rêves

○ *Saying what you would like to do*
○ *Using* je voudrais + *infinitive*

1 Écoute. C'est Olivia ou Samuel? Écris les bonnes lettres.

Exemple: **Olivia:** d,
    Samuel: ...

Quels sont tes rêves? Je voudrais ...

Olivia

Samuel

 **a**

aller en Australie

 **b**

aller aux États-Unis

 **c**

être footballeur professionnel

 **d**

être danseuse professionelle

 e

habiter dans une grande maison

 **f**

avoir une voiture très cool

 **g**

faire le tour du monde

 **h**

rencontrer mon acteur préféré

Studio Grammaire ≫ *Page 105*

Je voudrais means 'I would like'. You can use it with a noun or a verb (infinitive form).
Je voudrais **un Orangina**. – I would like an Orangina.
Je voudrais **aller** en Australie. – I would like to go to Australia.

---

2 Écris dix phrases qui commencent par *Je voudrais*.

Exemple: Je voudrais avoir une Xbox 360.

avoir   aller   être   faire   habiter   rencontrer

du snowboard   chanteur/chanteuse professionnel(le)   à Paris   à Disneyland   un vélo BMX

mon actrice préférée   en France   mon groupe préféré   une Xbox 360

de la planche à voile   au Canada   mon sportif/ma sportive préféré(e)

3 En tandem. Interviewe ton/ta camarade.

Exemple: ● *Quels sont tes rêves?*
    ■ *Je voudrais aller en France et aux États-Unis. Je voudrais aussi ...*
    Et toi, quels sont tes rêves?

Écoute et regarde les images. Qui parle? (1–4)

Exemple: **1** Baptiste

Emma

Baptiste

Abdel

Morgane

5 **Écris des textes pour les personnes de l'exercice 4.**

Moi, je voudrais aller en …
Je voudrais aller à Londres.
Je voudrais visiter …
Le soir, je voudrais manger …

Je voudrais aller en France.
Je voudrais aller à …
Je voudrais visiter …
Ensuite, je voudrais faire …

Un jour, je voudrais aller en …
Je voudrais faire un barbecue …
Je voudrais faire …

Je voudrais aller aux …
Je voudrais aller à …
Je voudrais manger …
Je voudrais rencontrer …

Studio Grammaire

Make sure you use the right word for 'to' /'in':

town or theme park	masculine country	feminine country	plural country
Londres/ Disneyland	*le* Canada	*la* France	*les* États-Unis
à Londres (to/in London) *à* Disneyland (to/in Disneyland)	*au* Canada (to/in Canada)	*en* France (to/in France)	*aux* États-Unis (to/in the USA)

sur la plage

le Président, Barack Obama

les magasins

des fish and chips

Australie

Big Ben

la tour Eiffel

États-Unis

du surf et aller à la pêche

un hamburger-frites

New York

Angleterre

Paris

Fais un mini exposé au sujet de tes rêves.

Exemple: Un jour, je voudrais aller au Canada. Je voudrais …

Include:

- where you would like to go
- what you would like to do there
- who you would like to meet
- anything else you would like to do one day (e.g. own something, do your dream job …)
- some reasons (e.g. *parce que j'adore …*)

Écris un court paragraphe sur «Mes rêves».

Unité 1

I can

- say where my family and I normally go on holiday: *Normalement, nous allons en Grèce.*
- say what we do when we get there: *Nous visitons des monuments.*
- ☐ use the *nous* form of verbs in the present tense: *nous allons/ nous restons/ nous faisons*

Unité 2

I can

- say what I do when getting ready to go out: *je me douche, je m'habille*
- ☐ use reflexive verbs: *je me prépare/ il se rase/ elle se maquille*

Unité 3

I can

- use higher numbers: *cinquante-cinq/ soixante-dix/ quatre-vingts*
- ask someone how much money he/she has: *Tu as combien d'argent?*
- say how much money I've got: *J'ai dix euros cinquante.*
- say I'm hungry and thirsty: *J'ai faim et j'ai soif.*
- order drinks and snacks in a café: *Je voudrais un café-crème et un sandwich au fromage, s'il vous plaît.*

Unité 4

I can

- say what I'm going to do in the holidays: *Je vais aller à la pêche.*
  Je vais rester au lit.
- understand whether someone is talking about the present or the future: *Normalement, je vais en vacances avec ma famille, mais cette année, je vais partir en colo.*
- ☐ use the near future tense: *Je vais faire du camping. Qu'est-ce que tu vas faire?*
- ☐ use the correct word for 'to/in':   *à Paris/ en France/ au Canada/ aux États-Unis*

Unité 5

I can

- say what I would like to do one day: *Je voudrais aller en Australie.*
  Je voudrais être footballeur professionnel.
- ☐ use *je voudrais* + infinitive: *Je voudrais rencontrer mon acteur préféré.*

 1 **Écoute et écris la bonne lettre. (1–5)**

Exemple: **1** d

 a
 b
 c
 d
 e

 2 **Écoute à nouveau et note les prix. (1–5)**

Exemple: **1** 10,10€

 3 **Dis comment tu te prépares quand tu sors. Utilise les images ou tes propres idées.**

Say how you get ready when you're going out. Use the pictures or your own ideas.

Exemple: Je me douche, je me lave les dents, je …

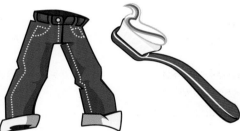

 4 **Lis le texte et réponds aux questions en anglais.**

Normalement, je vais en vacances avec ma famille. Nous allons en Espagne. Nous faisons du camping à la campagne. C'est ennuyeux!

Mais cette année, je vais aller en colonie de vacances. Je vais nager dans la mer et je vais faire de la voile. Le soir, je vais faire du karaoké. J'adore chanter!

Un jour, je voudrais aller en Australie parce que j'adore le soleil. Je voudrais faire du surf et aller à la pêche.

Candice

1 Where do Candice and her family normally go on holiday?
2 What do they do there?
3 What does she think of it?
4 Name **two** things she is going to do this year, at the holiday camp.
5 Where would she like to go one day?
6 Name **two** things she would like to do there.

 5 **Écris un court paragraphe sur les vacances.**

Include:
- where you and your family normally go on holiday
- what you do there (mention two or three activities).

To aim for a higher level, also say what you're going to do this year and where you would like to go one day. Use the text in exercise 4 as a model.

1 Écoute et regarde le texte. Où vont-ils – colo A, B ou C? (1–3)

1 Flavie   **2** Quentin   **3** Aurélie

www.macolo.com

A
Camp maritime

Âge: 10–13 ans

Durée: 7 jours

Prix: 350€

Situation géographique: Bretagne

Activités: voile * planche à voile * canoë-kayak * surf * ski nautique * plongée sous-marine

B
Camp forestier

Âge: 11–15 ans

Durée: 2 semaines

Prix: 725€

Situation géographique: Forêt des Ardennes

Activités: équitation * VTT * accrobranche * randonnée * tir à l'arc * quad

C
Camp montagnard

Âge: 12–16 ans

Durée: 10 jours

Prix: 580€

Situation géographique: Auvergne

Activités: escalade * tir à l'arc * randonnée * canoë-kayak * VTT * spéléologie

2 C'est quelle activité?

Exemple: **1** le canoë-kayak

> You can find out the gender of a word (masculine or feminine) from a dictionary (see page 130 for help).

1 **2** **3** **4** **5** **6** **7**

3 Écoute à nouveau. On mentionne combien d'activités? Fais une liste. (1–3)

Exemple: **1** VTT, …

4 En tandem. Choisis la colo A, B ou C et fais un dialogue.

Exemple:

● *Qu'est-ce que tu vas faire pendant les vacances?*

■ *Je vais partir en colo.*

● *Qu'est-ce que tu vas faire comme activités?*

■ *Je vais faire du/de la/de l'/des …*

> Include opinions and reactions:
>
> **C'est top! Cool! C'est génial!**
>
> **Moi aussi, je voudrais faire du/de la** (etc.) …
>
> **Tu as de la chance!** (You're lucky!)
>
> **Amuse-toi bien!** (Have fun!)
>
> **Bonnes vacances!** (Have a nice holiday!)

5 Regarde la carte et lis les textes. Ils vont aller où?

Look at the map and read the texts. Where are they going to go?

Exemple: Albane: Je vais aller à Tours.

Rouen

Paris

Disneyland Paris

©Disney

Tours

Marseille

Chamonix

J'adore l'histoire, alors je vais visiter le Château de Chenonceau. C'est un monument magnifique!
Albane

Je vais manger de la bouillabaisse – c'est une soupe avec du poisson et des fruits de mer. C'est la spécialité de la région.
Leïla

On va faire du ski sur herbe (il n'y a pas de neige dans les Alpes en été!) et on va manger de la fondue. Miam-miam!
Zoë

Je vais rester dans la capitale et je vais aller à la plage!
Oui, il y a une plage ici, en été!
Frank

On va visiter la cathédrale et on va manger du bon fromage – c'est une spécialité de la Normandie! Le cidre est très bon aussi!
Clément

Je vais visiter toutes les attractions, surtout Space Mountain. Et je voudrais rencontrer mon idole, Mickey Mouse!
Damien

6 Qu'est-ce que c'est en anglais? Explique comment tu as trouvé le sens.

What is it in English? Explain how you worked out the meaning.

1 un monument
2 des fruits de mer
3 le cidre
4 rencontrer mon idole
5 faire du ski sur herbe
6 de la fondue

7 Imagine que tu vas aller en vacances en France. Fais des recherches sur Internet. Choisis une ville. Qu'est-ce que tu vas faire?

Exemple:

Je vais aller à Grenoble.
Je vais faire du ski et …

Studio Grammaire

Regular –er verbs in the present tense

rest**er**	*je rest**e***	I stay
	*tu rest**es***	you stay (singular, informal)
	*il/elle/on rest**e***	he/she stays/we stay
	*nous rest**ons***	we stay
	*vous rest**ez***	you stay (plural/formal)
	*ils/elles rest**ent***	they stay

1 Find all the parts of *jouer* (to play) and match them with the English.

Example: **1** je joue

1 I play
2 you play (informal)
3 he plays
4 she plays
5 we play (x 2)
6 you play (formal)
7 they play (masc)
8 they play (fem)

elle joue ellesjouent nousjouonsilsjouenttujouesiljouenousjouonsjouezvousjoue

2 Complete each sentence by selecting the correct form of the verb.

1 Il mange/manger un sandwich.
2 J'écoutes/écoute de la musique.
3 Vous désires/désirez?
4 Tu restes/restent au lit.
5 Elles dansons/dansent.
6 Elle aime/aimez les vacances.
7 Nous jouons/jouent au volley.
8 On adores/adore le reggae.

Using *nous* in the present tense

For **–er** verbs, the ending for **nous** is **–ons**.

Irregular verbs: **nous allons** we go   **nous faisons** we do

3 Replace the verbs in brackets with the correct form.

> *allons*
> Normalement, nous **1** (*aller*) en Italie. Nous **2** (*aller*) à la campagne.
> Nous **3** (*aimer*) piqueniquer, mais quelquefois, nous **4** (*aller*) au restaurant.
> Nous **5** (*visiter*) des monuments et nous **6** (*faire*) des activités sportives.
> J'adore l'Italie. C'est cool!

Reflexive verbs

Reflexive verbs are used for actions you do to yourself. They include a reflexive pronoun *before* the verb. The reflexive pronouns **me, te, se** shorten to **m', t', s'** before a vowel sound. The infinitive of a reflexive verb has the pronoun **se**.

*se prépar**er***	to get ready
*je **me** prépare*	I get ready
*tu **te** prépares*	you get ready
*il/elle/on **se** prépare*	he/she gets ready/ we get ready

4 Translate into French (*se réveiller* – to wake up).

Example: **1** il se réveille

1 he wakes up
2 you wake up
3 she wakes up
4 I wake up
5 we wake up

5 Describe these morning routines.

Example:

Rémy se réveille. Il …

Mia … Elle …

Je voudrais + infinitive

You can use *Je voudrais* (I would like) to refer to your hopes and dreams for the future.

Je voudrais aller en Australie. **I would like to go** to Australia.
Je voudrais visiter la tour Eiffel. **I would like to visit** the Eiffel Tower.

6 Translate the sentences into French.

1 I would like to visit France.
2 I would like to go to the USA.
3 I would like to play tennis.
4 I would like to swim in the sea.
5 I would like to go round the world.
6 I would like to meet Johnny Depp.

The near future tense

Use **aller + the infinitive** to say what you're going to do.

je vais	*regarder*	I'm going to watch
tu vas	*jouer*	you're going to play (singular, informal)
il/elle/on va	*danser*	he's/she's going to dance/we're going to dance
nous allons	*nager*	we're going to swim
vous allez	*sortir*	you're going to go out (plural/formal)
ils vont	*manger*	they're going to eat
elles vont	*dormir*	they're going to sleep

7 Copy and complete the text using the correct forms of the near future tense.

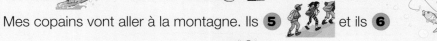

C'est bientôt les vacances et je suis impatiente! Je **1** 🏊 dans la mer

et je **2** 🏄 . Le soir, nous **3** 👫 et nous **4** 🎤 .

Mes copains vont aller à la montagne. Ils **5** 🥾 et ils **6** 🦐 .

Ma sœur va partir en colo. Elle **7** 🚣 . Qu'est-ce que tu **8** (faire)?

8 Translate the text in exercise 7 into English.

Vocabulaire

Les vacances en famille • *Family holidays*

Tous les ans …	*Every year …*
Normalement …	*Normally …*
nous allons …	*we go …*
en France	*to France*
en Espagne	*to Spain*
en Grèce	*to Greece*
en Italie	*to Italy*
aux États-Unis	*to the USA*
au Portugal	*to Portugal*
à la mer	*to the seaside*
à la montagne	*to the mountains*
à la campagne	*to the countryside*
Nous allons au restaurant.	*We go to a restaurant.*
Nous visitons des monuments.	*We visit monuments.*
Nous faisons du camping.	*We go camping.*
Nous faisons de la rando.	*We go hiking.*
Nous faisons de la natation.	*We go swimming.*
Nous faisons des activités sportives.	*We do sports activities.*
Nous restons en France.	*We stay in France.*

Je me prépare • *I get myself ready*

Je me douche.	*I have a shower.*
Je me fais une crête.	*I make my hair spiky.*
Je me parfume.	*I put on perfume/ aftershave.*
Je m'habille.	*I get dressed.*
Je me brosse les cheveux.	*I brush my hair.*
Je me lave les dents.	*I clean my teeth.*
Je me regarde dans la glace.	*I look in the mirror.*
Je me rase.	*I shave.*
Je me maquille.	*I put on make-up.*

Les nombres et l'argent • *Numbers and money*

quarante	*40*
quarante-cinq	*45*
cinquante	*50*
cinquante-cinq	*55*
soixante	*60*
soixante-cinq	*65*
soixante-dix	*70*
soixante-quinze	*75*
quatre-vingts	*80*
quatre-vingt-cinq	*85*
quatre-vingt-dix	*90*
quatre-vingt-quinze	*95*
Tu as combien d'argent?	*How much money have you got?*
J'ai dix euros cinquante.	*I've got ten euros fifty (cents).*

Au café • *At the café*

J'ai faim et j'ai soif.	*I'm hungry and I'm thirsty.*
Vous désirez?	*What would you like?*
Je voudrais …	*I'd like …*
un café	*a black coffee*
un café-crème	*a white coffee*
un thé (au lait/au citron)	*a tea (with milk/lemon)*
un chocolat chaud	*a hot chocolate*
un coca	*a cola*
un jus d'orange	*an orange juice*
un Orangina	*an Orangina*
une limonade	*a lemonade*
un sandwich au fromage	*a cheese sandwich*
un sandwich au jambon	*a ham sandwich*
un croquemonsieur	*a toasted cheese and ham sandwich*
une crêpe	*a pancake*
une glace (à la vanille/ à la fraise/au chocolat)	*a (vanilla/strawberry/ chocolate) ice-cream*

Qu'est-ce que tu vas faire? • *What are you going to do?*

Pendant les vacances …	*During the holidays …*
je vais …	*I'm going to …*
aller à la pêche	*go fishing*
danser	*dance*
faire de l'accrobranche	*do treetop adventures*
faire du karaoké	*do karaoke*
faire de la voile	*go sailing*
faire de la planche à voile	*go windsurfing*
nager dans la mer	*swim in the sea*
rester au lit	*stay in bed*
retrouver mes copains/copines	*get together with with my mates*

Quels sont tes rêves? • *What are your dreams?*

Je voudrais aller …	*I'd like to go …*
à Paris	*to Paris*
en Australie	*to Australia*
au Canada	*to Canada*
aux États-Unis	*to the USA*
Je voudrais …	*I'd like …*
être footballeur professionnel	*to be a professional football player (masculine)*
être danseuse professionnelle	*to be a professional dancer (feminine)*
habiter dans une grande maison	*to live in a big house*
avoir une voiture très cool	*to have a really cool car*
faire le tour du monde	*to travel around the world*
rencontrer mon acteur/mon actrice préféré(e)	*to meet my favourite actor/actress*

Les mots essentiels • *High-frequency words*

pendant	*during*
combien (de)?	*how much?/how many?*
à	*to/in (+ town)*
en	*to/in (+ feminine country)*
au	*to/in (+ masculine country)*
aux	*to/in (+ plural country)*
d'abord	*first*
ensuite	*next*
puis	*then*
finalement	*finally*
quelquefois	*sometimes*

Stratégie 5

Letter and sound patterns

Just as in English, many French words contain the same letter patterns. Recognising these patterns will help you to spell and say more words correctly. You have practised some of these throughout *Studio*. One way of remembering these is to write lists of words with identical letter patterns. Add to them as you come across more. Here are some from Module 5 to start you off:

monta**gne**
campa**gne**
s**oi**f
v**oi**le
football**eur**
dans**eur**

Do you like poems?

In 1936 the French poet Robert Desnos wrote 365 poems at the rate of one a day! Imagine that!

The Louvre in Paris attracts 8.3 million visitors per year. Which is the most famous painting in the building?

Do you like art? Many artistic movements started in France. Have you heard of the Impressionists? The Cubists? The Surrealists? How many French painters can you name?

This is the Centre Pompidou in Paris. Do you like the building? What sort of art do you think you can see here?

6

Although he painted exotic scenes, Henri Rousseau, whose work you will study in this module, never left France!

He looked in books, he studied stuffed animals and visited the *Jardin des Plantes* in Paris before creating his paintings.

Did you know that wolves were declared extinct in France in the 1930s, but that recently they have made a comeback?

Wolves can be heard howling from a distance of 10 km. Don't worry though – they are very rare and they don't like people at all.

Do you recognise this wild cat? It's a lynx. It has a short tail and tufts of black hair on the tips of its ears. The lynx disappeared from France in 1900, but has now been reintroduced in the Vosges and the Pyrenees. It is a protected species.

Animaux

Talking about animals

Lis les textes. Copie et remplis la carte d'identité pour chaque animal.

On peut trouver des tigres dans le sud de l'Asie: en Inde et en Indochine. Le tigre habite dans la forêt. Il est solitaire et nocturne. Il n'aime pas partager son habitat.

Il est orange avec des rayures noires et un peu de blanc sur la poitrine. Le tigre est un carnivore. En général, il mange les herbivores. Le tigre rugit. L'homme est son ennemi.

On peut trouver des loups en Europe: en France, en Espagne, en Italie, en Grèce et au Portugal. Le loup habite à la montagne, dans la forêt.

Le loup est intelligent. Il n'est pas solitaire. Il habite dans un groupe: une meute. Le loup de France est fauve avec un peu de gris et un peu de noir. Il a les yeux jaunes. Le loup est un carnivore. Le loup hurle. L'homme est son ennemi.

Carte d'identité

Animal: ....
Habitat: ....
Caractère: ....
Aspect physique: ....
Alimentation: ....
Ennemi: ....

| une meute | a pack |
| fauve | tawny |

Associe les animaux et leurs cris. Traduis les phrases en anglais.

Exemple: **1** Le tigre rugit.

1 Le tigre …
2 Le loup …
3 L' éléphant …
4 Le serpent …
5 Le zèbre …

6 L' hippopotame …
7 La girafe …
8 La hyène …
9 Le singe …

Have a go at this puzzle and compare the animal sounds to what we would say in English. Sometimes learning a foreign language makes us think more about our own language.

crie   meugle   rugit   ricane   barrit   hurle   siffle   hennit   grogne

À trois. Discute et décide.

In groups of three, compare your answers to exercises 1 and 2 and decide who is right.

- Discuss how you tackled the texts in exercise 1 and the sentences in exercise 2.
- Which of the following strategies did you use?

I used picture clues.

I thought of a cognate or near cognate.

I used a dictionary or the word list.

I used common sense.

I worked out what type of word it is: adjective, noun, ve

Lis l'exposé de Yanis et complète les phrases en anglais.

Pour mon exposé, j'ai choisi le zèbre.

D'abord, j'ai étudié son habitat. On trouve le zèbre en Afrique.
Il habite dans les plaines ou dans les montagnes.

Puis j'ai examiné son caractère. Le zèbre est sociable. Il reste en groupe. Il n'est pas nocturne, il est diurne. Il n'aime pas les prédateurs!

J'ai observé son aspect physique. Le zèbre est blanc à rayures noires ou noir à rayures blanches! À toi de décider! Il est grand et beau.

Ensuite, j'ai recherché son alimentation. En général, il mange de l'herbe et des plantes. Les zèbres sont des herbivores.

Finalement, j'ai trouvé son ennemi. Ses prédateurs sont les hyènes, les lions et aussi les crocodiles.

1 You can find zebras in …
2 They live on … and in …
3 Zebras are sociable – they live together in …
4 Zebras don't like …
5 Zebras eat …
6 Their predators are …

 Trouve les verbes dans le texte.

1 I chose
2 I studied
3 I examined
4 I observed
5 I researched
6 I found

 Écoute. C'est quel animal?

 Choisis un animal. Fais des recherches. Prépare un exposé sur ton animal.

J'ai choisi …

J'ai étudié son habitat.
On trouve x en …
X habite …

J'ai examiné son caractère.
Il/Elle est …
Il/Elle aime/n'aime pas …

J'ai observé son aspect physique. Il/Elle est …

J'ai recherché son alimentation.
En général, il/elle mange …

J'ai trouvé son ennemi.
Ses prédateurs sont …

Work in a group of four. Each person presents his/her animal to the group.
The others listen and at the end of the presentations, say whose they prefer, giving a reason for their choice.

1 Écoute et mets les images dans l'ordre du poème.

La fourmi

Une fourmi de dix-huit mètres
Avec un chapeau sur la tête,
Ça n'existe pas, ça n'existe pas.

Une fourmi traînant un char
Plein de pingouins et de canards,
Ça n'existe pas, ça n'existe pas.

Une fourmi parlant français,
Parlant latin et javanais,
Ça n'existe pas, ça n'existe pas.
Et pourquoi pas?

Robert Desnos
(Chantefables et Chantefleurs)

traînant	*pulling*
parlant	*speaking*

a

b Ad Absurdum

c

2 En tandem. Lis le poème à voix haute. Commente la prononciation de ton/ta camarade.

Ta prononciation est super. Bravo!
Ta prononciation n'est pas mal.
Tu dois faire un peu plus d'effort. Par exemple, ...

3 Écoute et écris les mots qui manquent. (1–6)

Un **1** é_____ de quarante mètres
Avec des **2** l_____ sur la tête,
Ça n'existe pas, ça n'existe pas.

Un éléphant jouant au **3** f_____
Avec un tigre et un **4** l_____ vert,
Ça n'existe pas, ça n'existe pas.

Un éléphant faisant du **5** v_____
Regardant la **6** t_____ et des vidéos,
Ça n'existe pas, ça n'existe pas.
Et pourquoi pas?

4 **Lis le texte. Copie et remplis la fiche d'identité.**

Robert Desnos est né à Paris le 4 juillet 1900. Il a travaillé comme journaliste, mais il a aussi écrit des poèmes. En 1936, il a écrit 365 poèmes, un poème tous les jours! En 1939, il est allé à la guerre et après la défaite de 1940 et l'Occupation de Paris, il a travaillé pour la Résistance. Il a été arrêté en 1944 et envoyé dans un camp de concentration. Il est décédé du typhus en 1945.

il a été arrêté *he was arrested*

Date of birth: ....

Profession: ....

Other interests: ....

Wartime activity: ....

Cause of death: ....

5 **Compose un poème suivant le modèle de *La fourmi*. Puis dessine trois images pour illustrer ton poème.**

Write a poem using 'La fourmi' as a model. Then draw three pictures to illustrate your poem.

Before you start, try creating a spider diagram.

You can change as much or as little of the poem as you choose. For example, you could change everything except the last line of each verse, or you could just change the animal and the height in the first verse. Whatever you choose, use language and structures you know already.

?

animals you might choose: *un tigre un pingouin un serpent*

colours your animal might be: *violet marron jaune*

words you like: *bravo youpi hypercool*

adjectives to describe your animal: *impatient(e) généreux/euse sympa*

languages your animal might like to speak: *le français l'espagnol*

subjects your animal might like: *les maths le dessin la géographie*

hobbies your animal might like to try: *le rafting la planche à voile*

places your animal might like to visit: *le Maroc le Mexique l'Afrique*

things your animal might dislike: *les insectes l'injustice*

words which rhyme

Écoute et lis.

Au centre, on peut voir le peintre. Il s'appelle Henri «le Douanier» Rousseau. Il a les cheveux blancs. Il porte un béret et il a une moustache. Il est assis sur un tigre et il joue de la guitare.

Le tigre est superbe. Il est de couleur orange avec des rayures noires. Il a aussi un peu de blanc. Il a de grandes dents.

Sur la gauche et sur la droite du tableau, il y a des fleurs roses, blanches et bleues.

Sur la gauche, on peut voir un lion parmi les fleurs.

Derrière, on peut voir la lune.
Devant, il y a des plantes.

le peintre	painter
parmi	amongst

Trouve ces phrases en français dans le texte.

1 in the centre   3 on the right   5 there are   7 in front
2 on the left   4 you can see   6 behind   8 on

Écoute. Qui dit quoi? Écris le bon nom. (1–6)

Exemple: **1** Florian

1 Je n'aime pas du tout le tableau. Pour moi, c'est nul.

2 J'aime les plantes et les couleurs, mais je n'aime pas beaucoup les singes.

3 À mon avis, c'est très intéressant et amusant.

4 Moi, j'aime les singes et j'aime les couleurs. J'adore, surtout, les fleurs et les plantes.

5 Moi, personnellement, je préfère les tableaux de Monet.

6 À mon avis, c'est bizarre.

Écoute à nouveau. Identifie l'attitude de chaque personne.

1 Qui adore le tableau?
2 Qui aime bien le tableau?
3 Qui n'aime pas du tout le tableau?

5 En tandem. Décris le tableau de Rousseau et donne ton opinion. Adapte les phrases de Florian, d'Alyzée et de Lucie. Utilise les mots à droite.

Florian

Alyzée

Lucie

Au centre, Sur la gauche, Sur la droite, Devant, Derrière,	il y a … on peut voir …
Quelle est ton opinion sur le tableau?	
J'aime/Je n'aime pas	les plantes/les couleurs/ les singes/les fleurs/ le tableau
À mon avis, c'est	très intéressant assez amusant vraiment bien bizarre nul
Tu es d'accord?	Oui, je suis d'accord. J'aime … Non, je ne suis pas du tout d'accord. Je n'aime pas …

6 Lis le texte et trouve les phrases en français.

> J'ai fait des recherches sur Henri Rousseau.
>
> J'ai choisi un tableau qui s'appelle «Moi-même, portrait paysage.»
>
> J'ai bien regardé. J'ai observé beaucoup de choses.
>
> J'ai identifié douze couleurs différentes.
>
> J'ai trouvé une montgolfière.
>
> J'adore ce tableau. C'est magnifique! À mon avis, c'est drôle.

> **une montgolfière** hot-air balloon

1 I observed
2 I did research on
3 I found
4 I chose
5 I identified
6 I looked

7 Choisis un tableau. Écris une description.

> J'ai fait des recherches sur …
> J'ai choisi un tableau qui s'appelle …
> J'ai bien regardé.
> J'ai identifié … couleurs différentes.
> J'ai trouvé …
> J'adore ce tableau. À mon avis, c'est …

8 Crée un tableau dans le style d'Henri Rousseau. Présente le tableau à la classe.

The perfect tense

The perfect tense is used to talk about a completed action in the past. It is made up of two parts – the auxiliary verb and the past participle of the main verb.

The auxiliary verb is either **avoir** or **être**. Most main verbs use **avoir** as the auxiliary verb. Some verbs, mainly verbs of movement, use **être** as their auxiliary verb.

To say what you did in the past (e.g. 'I played' or 'I ate') you use **J'ai** or **Je suis** + the past participle of the main verb:

I played	**J'ai joué**	I went	**Je suis allé**
I ate	**J'ai mange**		

Here are the past participles of the main verbs you have met in *Studio*:

acheté	**étudié**	**mangé**	**regardé**	**visité**
aimé	**examiné**	**nagé**	**rencontré**	
dansé	**joué**	**recherché**	**trouvé**	

aller and *sortir* are verbs of movement, so to say 'I went' and 'I went out' you use **Je suis** (not j'ai):

Je suis allé(e)   Je suis sorti(e)

Past participle patterns

Regular verbs:

–er → –**é** jou**é**
–ir → –**i** chois**i**

Irregular verbs:

faire → **fait**

1 How would you say the following in French?
Example: **1** j'ai choisi

1 I chose	**3** I did	**5** I went out	**7** I met	**9** I ate
2 I examined	**4** I went	**6** I watched	**8** I liked	**10** I studied

2 Read the text, then complete the sentences in English, as though you were Rebecca.

Pour mon exposé, j'ai choisi le serpent corail.

D'abord, j'ai étudié son habitat. On peut trouver les serpents corail dans les vallées tropicales du Mexique et dans la jungle amazonienne.

Puis j'ai examiné son caractère. Le serpent corail n'est pas très agressif, mais il est dangereux parce qu'il est venimeux.

J'ai observé son aspect physique. Le serpent corail est rouge, jaune et noir.

Ensuite, j'ai recherché son alimentation. En général, il mange d'autres serpents et des lézards. Les serpents corail sont des carnivores.

Finalement, j'ai trouvé son ennemi. Ses prédateurs sont les oiseaux.

Rebecca

1 I chose …
2 I studied …
3 I examined …
4 I observed …
5 I researched …
6 I found …

3 Make a list of the six verbs in the perfect tense in the text.

4 Write out the past participles of the verbs.
Example: surfé, ...

surfer   partager

regarder   danser

travailler   nager

télécharger   finir

> *In this module, you've learned by heart some phrases to talk about the past. Learn how the perfect tense is formed and you can apply the pattern to other verbs to talk about the past: you can also use it to talk about holidays, weekend activities or what you did last night. The ability to use language in different contexts will help you achieve a higher level.*

5 Ryan has made six mistakes in the perfect tense. Can you correct them for him?

Hier soir, j'ai ~~faire~~ *fait* mes devoirs et ensuite, j'as surfé sur Internet.
J'ai regarder des clips vidéo et j'ai aussi téléchargez de la musique.
Plus tard, je ai regardé la télévision et j'ai envoyer des e-mails à mes copains.
Ryan

6 Read these sentences. Copy out and fill in the grid.

Normally, during the holidays ... (present tense)	but this summer ... (perfect tense)
je visite	j'ai visité

1 Normalement, pendant les vacances, je visite Bordeaux, mais cet été, j'ai visité Paris.
2 Normalement, pendant les vacances, je fais de la natation, mais cet été, j'ai joué au foot.
3 Normalement, pendant les vacances, je vais à la mer, mais cet été, je suis allé à la montagne.
4 Normalement, pendant les vacances, je vais en France, mais cet été, je suis allée en Espagne.
5 Normalement, pendant les vacances, je nage dans la piscine, mais cet été, j'ai nagé dans la mer.

> *To reach Level 5, you need to use the **present tense** and **another tense**.*
> *Practise using the perfect tense to help raise your level.*

> *To reach Level 6, use the present tense and **two** other tenses (e.g. the **near future** and the **perfect tense**).*

7 Write out these sentences to show you can use the present tense and the perfect tense together.
Example: Normalement, pendant les vacances, je ... , mais cet été ...

1 danser   faire du karaoké
2 faire de la voile   faire de la planche à voile
3 jouer au volley   jouer au football
4 aller à la campagne   aller à la mer
5 aller en Grèce   aller en Italie

Complète les phrases.

Exemple: **1** Je m'appelle Alice.

1 Je m'appelle

2 J'ai 14

gentille.

musique classique.

3 J'aime les

4 Je n'aime pas la

Alice.

ans.

spaghettis.

5 Je suis assez

Qui est-ce? Associe les images et les descriptions.

1 _____  **2** _____  **3** _____  **4** _____

a C'est un garçon. Il a les yeux marron et les cheveux courts et noirs. Il est de taille moyenne.

b C'est une fille. Elle a les cheveux longs et roux. Elle a les yeux verts. Elle est grande.

c C'est un garçon. Il a les yeux bleus et les cheveux mi-longs et bruns. Il est de taille moyenne.

d C'est une fille. Elle a les cheveux courts et noirs. Elle a les yeux marron. Elle est petite.

Décris les personnes.

a _____

b _____

1 Complète le dialogue.

● *Tu  le camping?*

■ *Non, je n'aime pas ça. C'est  . Tu es d'accord?*

● *Non, je ne suis pas d'accord. C'est* 👍 *.*

2 **Écris des dialogues. Utilise le dialogue de l'exercice 1 comme modèle.**

● ❤ *le tennis?*

■ ✔👍 *d'accord?*

● ✖ *c'est* 👎

● ❤ *le roller?*

■ ✖👎 *d'accord?*

● ✖ *c'est* 👍

● ❤ *la danse?*

■ ✔👍 *d'accord?*

● ✔ *c'est* 👍

3 **Choisis la phrase correcte.**

Exemple: **1** Élise est belle, intelligente, gentille et *assez polie.*

Ma sœur s'appelle Élise. Elle est belle, intelligente, gentille et assez polie. Elle est aussi très patiente et on est toujours d'accord! Elle aime la musique et la danse, mais elle n'aime pas le hip-hop.

Elle a les cheveux bruns et les yeux bleus. Elle est de taille moyenne. Elle joue de la guitare dans un groupe. Elle a beaucoup de talent.

Luc

1 Élise est belle, intelligente, gentille et assez polie/très polie.

2 Élise est aussi très modeste/très patiente.

3 Elle aime la musique et le judo/la danse.

4 Elle n'aime pas le hip-hop/la musique classique.

5 Elle a les cheveux bruns et les yeux marron/bleus.

6 Elle joue de la guitare/batterie dans un groupe.

4 **Décris-toi. Choisis six adjectifs. Classe les adjectifs dans l'ordre d'importance pour toi. Écris six phrases.**

Exemple: Être branché, c'est essentiel pour moi.

Être branché/poli/intelligent/charmant/curieux/généreux/
   gentil/modeste/drôle, c'est …

essentiel

très, très important

très important

important

pas très important

pas du tout important

1 **Lis les phrases et dessine les heures.**

Exemple: **1**

1 Il est neuf heures.

2 Il est trois heures dix.

3 Il est sept heures et quart.

4 Il est une heure et demie.

5 Il est dix heures moins le quart.

6 Il est quatre heures moins cinq.

2 **Copie et complète les phrases.**

Exemple: **1** À neuf heures, j'ai géographie.

1 À neuf heures, j'ai

2 À dix heures dix, j'ai

3 À onze heures et quart, j'ai

4 À une heure et , j'ai

5 À deux heures moins le , j'ai

6 À trois heures moins , j'ai

demie   théâtre   arts plastiques   géographie   quart

informatique   sciences   dix   français

3 **Lis les phrases. C'est possible ou absurde?**

Read the sentences. Is each one possible or is it nonsense?

Exemple: **1** absurde

1 J'aime les maths parce que c'est nul.

2 Je n'aime pas l'anglais parce que c'est marrant.

3 J'adore la technologie parce que la prof est sympa.

4 Je déteste la musique parce que c'est génial.

5 J'aime assez l'EPS parce que c'est facile.

6 J'aime beaucoup l'histoire parce qu'on a trop de devoirs.

4 **Copie et corrige les phrases absurdes. Utilise tes propres idées.**

Copy and correct the nonsense sentences. Use your own ideas.

Exemple: **1** J'aime les maths parce que c'est intéressant.

Mon collège

 Écris les phrases avec les mots dans le bon ordre.

Exemple: **1** J'aime la musique parce que c'est marrant.

1 parce la c'est musique J'aime marrant que
2 le que intéressant théâtre J'aime parce c'est
3 que français J'adore facile c'est parce le
4 c'est déteste que parce la ennuyeux technologie Je
5 beaucoup que géographie parce c'est la génial J'aime
6 l'histoire trop n'aime est prof que Je le parce sévère pas

Don't forget the accents!
(acute accent) **é**
(grave accent) **è**
(circumflex) **â**
(cedilla) **ç**

 Lis et note: vrai (V) ou faux (F)?

Exemple: **1** F

Salut! Je m'appelle Karim. Je suis en sixième au collège Louis Pasteur. On a quatre cours le matin et trois cours l'après-midi. On n'a pas cours le mercredi après-midi.

Ma matière préférée, c'est l'EPS parce que j'adore le sport. Mais je n'aime pas l'anglais parce que c'est difficile.

À dix heures et demie, on a la récréation. Je mange du chocolat et je bavarde avec mes amis.

Le déjeuner est à midi et demi. On mange à la cantine. Mon plat préféré, c'est du poulet avec des frites.

On finit les cours à cinq heures et quart.

Karim

1 Le mercredi, Karim a sept cours.
2 Il n'aime pas l'EPS.
3 À la récré, il mange des bonbons.
4 Il mange à la cantine à midi et demi.
5 Il aime beaucoup le poulet avec des frites.
6 Il finit les cours à cinq heures moins le quart.

 Corrige les phrases fausses de l'exercice 2.

Correct the false sentences in exercise 2.

 Écris un blog sur ton collège. Adapte le texte de Karim.

Include:
• your name and age
• the name of your school
• when lessons start and how many lessons you have
• your opinion of two of your subjects
• what you do at break and lunchtime
• when lessons finish.

Use at least three of these in your blog:

et	mais	aussi	parce que
très	trop	assez	un peu

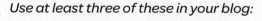

1 **Complète les phrases.**

Exemple: **1** Je regarde des clips vidéo.

1 Je regarde

2 Je parle avec

portable.

des clips vidéo.

3 J'envoie

4 Je joue au

du vélo.

des e-mails.

5 Je fais

6 J'envoie des SMS avec mon

rugby.

mes amis.

2 **Regarde la chambre de Zahra. Trouve les deux phrases fausses.**

Look at Zahra's bedroom. Find the two false sentences.

1 Je joue au hockey.
2 Je fais du roller.
3 Je joue au basket.
4 Je télécharge de la musique.
5 Je fais de la natation.
6 Je fais de la danse.
7 Je joue au tennis.
8 Je fais de l'équitation.

3 **Regarde la chambre de Jamel. Écris six phrases pour Jamel.**

Exemple: Je joue sur ma PlayStation.

Trouve un copain/une copine anglais(e) pour chaque Français(e).

Find an English friend for each French person.

Exemple: Axelle et Tom, …

www.trouvedesamis.fr

Axelle Je joue au foot et au volleyball et je fais de la natation. J'aime aussi écouter de la musique (hip-hop, rap, R&B).

Rémi J'aime: regarder la télé, faire du skate, jouer sur ma Xbox. Je n'aime pas: le sport, le collège, faire les magasins. Et toi?

Tariq Je suis champion de judo! Je m'entraîne beaucoup, mais j'aime aussi faire du roller et regarder la télé. Tu aimes ça, aussi?

Clémence Je suis sociable et bavarde. J'adore envoyer des SMS et téléphoner à mes amis. Le weekend, j'aime télécharger de la musique et j'adore danser!

Laurine J'aime faire des promenades avec mon chien Lulu et je fais aussi de l'équitation (j'ai un poney qui s'appelle Milord).

Zoe I like going out and having a good time, especially dancing!

Tom My favourite singers are Rihanna and Beyoncé. I love most sports.

Emma I'm quite shy and not very sporty, but I like animals.

Nassim I'm not keen on computer games, but I'm really into martial arts.

Natasha I like gaming and hanging out with my mates. I'm not very keen on school!

Relis les textes français de l'exercice 1. C'est quelle(s) personne(s)?

Read the French texts again. Who is/are being described?

1 Elle aime les animaux.

2 Il n'est pas sportif.

3 Elle aime bavarder avec ses amis.

4 Ils aiment regarder la télé.

5 Elles aiment la musique.

6 Ils sont sportifs.

Écris des e-mails à trouvedesamis.fr pour Nadia, Max et toi.

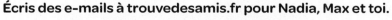

1 Écris chaque endroit correctement et note la bonne lettre.

Exemple: **1** une piscine – f

1 uen cinseip
2 nue nopiartei
3 dse smiangsa
4 un cterne mcmoecirla
5 nu echtâu
6 nu tcreen ed slioris
7 un sdate
8 un hmcaér
9 enu iésgel
10 eds éseusm

2 Lis les textes. Écris la bonne lettre.

1 *On peut aller au musée, on peut visiter des monuments et on peut aller au concert.*

a

2 *On peut aller au parc, on peut jouer au babyfoot au café et on peut faire du skate.*

b

3 *On peut aller au restaurant, on peut faire du bowling ou on peut faire une promenade en barque.*

c

3 Décris la semaine de Romain.

Exemple: Lundi, il va au centre de loisirs avec Samir.

lun	Samir		jeu	Fatima	
mar	Régine		ven	Jamel	
mer	Grégoire				

Prends un élément de chaque case et écris cinq phrases. Ensuite, traduis les phrases en anglais.

Write five sentences, each containing one element from each box. Then translate your sentences into English.

Exemple: Je vais souvent au cinéma.

Je vais	quelquefois
Tu vas	souvent
Il va	tous les jours
Elle va	tous les soirs
On va	de temps en temps
	une fois par semaine

au
à la
à l'
aux

parc
patinoire
stade
magasins
centre commercial
centre de loisirs
cinéma
église
parc d'attractions

Lis et note: vrai (V) ou faux (F)?

Exemple: **1** F

Moi, j'habite à Nîmes et à mon avis, c'est génial. À Nîmes, il y a des magasins, des musées et des monuments romains, surtout les Arènes de Nîmes, un amphithéâtre magnifique. Il y a beaucoup de restaurants, de cafés et d'hôtels. Il y a aussi un stade parce qu'à Nîmes, on aime le rugby!

On peut faire du bowling ou du vélo. On peut aller au concert ou au théâtre. Tous les weekends, je vais au parc avec ma sœur. On rigole et on joue au tennis. Quelquefois, on va à la piscine. J'adore habiter à Nîmes. Je pense que c'est top.

Laura

1 À Nîmes, il y a des magasins, des musées et des monuments grecs.

2 Les Arènes de Nîmes est un amphithéâtre moderne.

3 Les Nîmois aiment le sport.

4 À Nîmes, il y a un bowling.

5 Tous les weekends, Laura joue au volleyball avec sa sœur.

6 Laura n'aime pas habiter à Nîmes.

Dans le texte, retrouve:

- trois opinions
- onze endroits en ville
- deux expressions de fréquence
- trois infinitifs

Écris une conversation sur ta ville. Voici des mots pour t'aider.

Décode les mots en gras et copie les phrases.

Decode the words in bold and copy out the sentences.

Exemple: **1** Nous allons en Espagne.

1 Nous allons en **Ftqbhof**.

2 Nous allons en **Gsbodf**.

3 Nous allons à la **npoubhof**.

4 Nous faisons du **dbnqjoh**.

5 Nous faisons de la **obubujpo**

6 Nous allons au **sftubvsbou**.

Code:
b = a
c = b
d = c (etc.)

Associe chaque phrase de l'exercice 1 à la bonne image.

Exemple: **1** d

a  b  c  d  e  f

Regarde les images. C'est Ronan le clown ou Zahra la gymnaste?

a  b  c  d   e  f

Quand je me prépare, d'abord je me lave les dents. Ensuite, je me parfume. Mon parfum préféré c'est «nous». Je mets du gel pailleté et finalement, je me regarde dans la glace.
Zahra, la gymnaste

Quand je me prépare, d'abord je me douche. Ensuite, je me brosse les cheveux, normalement je me fais une sorte de crête, et je me maquille. Finalement, je m'habille.
Ronan, le clown.

Tu as combien d'argent? Écris des phrases.

Exemple: **1** J'ai dix euros cinquante.

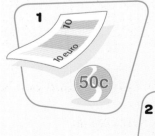

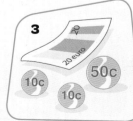

Cherche l'intrus à chaque ligne et explique pourquoi en anglais.

Find the odd one out on each line and explain why in English.

Exemple: **1** b – because the noun is masculine

> Look closely at the grammar in each sentence. Which one is grammatically different from the other two?

1	**a** Nous faisons de la natation.	**b** Nous faisons du camping.	**c** Nous faisons de la rando.
2	**a** Je mange.	**b** Je me maquille.	**c** Je me parfume.
3	**a** Je me brosse les cheveux.	**b** Je me lave les dents.	**c** Je m'habille.
4	**a** Je voudrais un café.	**b** Je voudrais une limonade.	**c** Je voudrais un coca.
5	**a** J'aime jouer au foot.	**b** Je vais danser	**c** Je vais nager dans la mer.
6	**a** Je voudrais avoir une voiture très cool.	**b** Je voudrais habiter dans une grande maison.	**c** Je vais aller en Australie.

Lis le texte et réponds aux questions pour Colette.

Normalement, nous ne partons pas en vacances. Nous restons en France. Je déteste ça parce que c'est ennuyeux. Le matin, je fais du vélo et quelquefois, je vais à la piscine avec mon frère. Le soir, j'écoute de la musique dans ma chambre. C'est nul!

Mais cette année, je vais partir en vacances avec la famille de ma copine, Alexandra. Je vais aller en Grèce! Tous les jours, on va aller à la plage, on va nager dans la mer et on va faire du jet-ski. Génial! Le soir, on va manger au restaurant et ensuite, Alexandra et moi, on va danser. J'adore danser. Un jour, je voudrais être danseuse professionnelle!

Colette

1 Normalement, tu pars en vacances avec ta famille?
2 Tu aimes ça? Pourquoi (pas)?
3 Normalement, qu'est-ce que tu fais comme activités?
4 Tu vas aller où cette année?
5 Qu'est-ce que tu vas faire comme activités?
6 Qu'est-ce que tu voudrais faire un jour?

Écris tes réponses aux questions de l'exercice 2. Écris un paragraphe.

Write your responses to the questions in exercise 2. Write a paragraph.

> Look carefully at each question. Are you being asked ...
> • what you **usually** do?
> • what you're **going** to do?
> • what you **would like** to do?
> Use the correct tense in each answer.

The present tense

French has one present tense. It can be translated into English as (e.g.) 'I watch' or 'I'm watching', etc.

1 Regular –er verbs

Rule: Replace the infinitive ending (**–er**) with the endings shown in bold.

regarder – to watch

je regard**e**	I watch	nous regard**ons**	we watch
tu regard**es**	you watch	vous regard**ez**	you watch
il/elle/on regard**e**	he/she watches/we watch	ils/elles regard**ent**	they watch

Note the spelling change in the **nous** form for verbs ending **–ger** and **–cer**:
*nous mang**e**ons, nous commen**ç**ons.*

Other regular **–er** verbs: *adorer* (to love), *aimer* (to like), *détester* (to hate), *écouter* (to listen), *jouer* (to play), *parler* (to talk), *téléphoner* (to phone)

2 Reflexive verbs

Rule: You form them the same way as other regular verbs, but you must include a reflexive pronoun (**me**, **te**, **se**, etc.) before the verb. Shorten **me/te/se** to **m'/t'/s'** before a vowel sound or silent h (e.g. **je m'habille**).

se doucher – to have a shower

je **me** douch**e**	I have a shower	nous **nous** douch**ons**	we have a shower
tu **te** douch**es**	you have a shower	vous **vous** douch**ez**	you have a shower
il/elle/on **se** douch**e**	he/she has a shower/we have a shower	ils/elles **se** douch**ent**	they have a shower

For examples of other reflexive verbs, see pages 92–3.

3 Irregular verbs

Rule: These don't follow a pattern so you have to learn each one by heart.

avoir – to have

j'**ai**	I have	nous **avons**	we have
tu **as**	you have	vous **avez**	you have
il/elle/on **a**	he/she has/we have	ils/elles **ont**	they have

être – to be

je **suis**	I am	*nous* **sommes**	we are
tu **es**	you are	*vous* **êtes**	you are
il/elle/on **est**	he/she is/we are	*ils/elles* **sont**	they are

faire – to do/make

je **fais**	I do	*nous* **faisons**	we do
tu **fais**	you do	*vous* **faites**	you do
il/elle/on **fait**	he/she does/we do	*ils/elles* **font**	they do

aller – to go

je **vais**	I go	*nous* **allons**	we go
tu **vas**	you go	*vous* **allez**	you go
il/elle/on **va**	he/she goes/we go	*ils/elles* **vont**	they go

The near future tense

Rule: For all verbs (regular and irregular), use the present tense of **aller** (to go) + the infinitive of the main verb.

regarder – to watch

je **vais regarder**	I'm going to watch	*nous* **allons regarder**	we're going to watch
tu **vas regarder**	you're going to watch	*vous* **allez regarder**	you're going to watch
il/elle/on **va regarder**	he/she is going to watch/we're going to watch	*ils/elles* **vont regarder**	they're going to watch

Examples:		
	Je **vais regarder** la télé.	I'm going to watch TV.
	Tu **vas faire** du judo?	Are you going to do judo?
	On **va aller** à la pêche.	We're going to go fishing.

The perfect tense

1 The perfect tense with *avoir*

Rule: Most verbs form the perfect tense with **avoir**. Use the present tense of **avoir** (to have) + the past participle of the main verb (for **–er** verbs, replace **–er** in the infinitive with **–é***).

Examples:	regard**er** → j'**ai** regard**é**	I watched/have watched
	trouv**er** → elle **a** trouv**é**	she found/has found
	étudi**er** → ils **ont** étudi**é**	they studied/have studied

*Note that some verbs don't follow this pattern.
e.g. chois**ir** (to choose) → chois**i**   **faire** (to make/do) → **fait**

2 The perfect tense with *être*

Rule: Use the present tense of **être** (to be) + the past participle of the main verb. If the subject is feminine, add **–e** to the end of the past participle.

Examples:	**aller** (to go) → je **suis allé(e)**	I went/I have gone
	sortir (to go out) → elle **est sortie**	she went out

Bilingual dictionaries come in two parts: **French to English** and **English to French**. They can help you to find or check:

• a meaning • a gender • spelling

The **French to English** section also helps you learn or check how to pronounce words. Here's an example:

clé [kle] *nf* key; (*mus*) clef; (*de mécanicien*) spanner

> *a phonetic version of the word to show pronunciation*

In the **English to French** section, you'll find something like this:

> *the headword (the word you're looking up)*

> *the sort of word it is (e.g. noun, adjective, verb)*

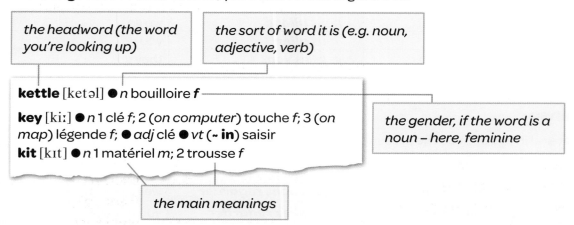

kettle [ketəl] ● *n* bouilloire *f*

key [ki:] ● *n* 1 clé *f*; 2 (*on computer*) touche *f*; 3 (*on map*) légende *f*; ● *adj* clé ● *vt* (~ **in**) saisir

kit [kɪt] ● *n* 1 matériel *m*; 2 trousse *f*

> *the gender, if the word is a noun – here, feminine*

> *the main meanings*

Cross-checking dictionary entries

When you look up a word, you will probably find more than one translation. Use the following techniques to make sure you get the right one:

• Work out which **type** of word you want. Look out for *n* (noun), *vi* or *vt* (verb), *adj* (adjective).

• When you think you've got the word, double-check it in the other section of the dictionary to make sure: check French translations in the **French to English** section and English translations in the **English to French** section.

For example, you're talking about the theatre and want to know how to say 'play' in French. When you look it up in the **English to French** section, you get:

play ● *vt* jouer ● *n* pièce *f*

Which word is the correct one in this context – *jouer* or *pièce*? Are you looking for a verb or a noun?

If you're not sure what kind of word you want, look up both *jouer* and *pièce* in the **French to English** section of your dictionary. It's a good way to improve your vocabulary!

Using your mini-dictionnaire

The French–English word lists on the following pages appear in three columns:

- The first column lists the French words in alphabetical order.
- The second column tells you what part of speech the word is (e.g. verb, noun, etc.) in abbreviated form.
- The third column gives the English translation of the word in the first column.

Here is a key to the abbreviations in the second column:

adj	adjective
adv	adverb
conj	conjunction
exclam	exclamation
interrog	interrogative

n (pl)	plural noun
nf	feminine noun
nm	masculine noun
npr	proper noun
pp	past participle
prep	preposition
pron	pronoun
v	verb

The names for the parts of speech given here are those you are most likely to find in a normal dictionary. In *Studio* we use different terms for three of these parts of speech. These are:

interrogative = question word
conjunction = connective
adverb = intensifier

A

à	prep	to, at
d'abord	adv	first of all
d'accord	adv	OK, agreed
accrobranche	nf	treetop adventures
acheter	v	to buy
acrobate	nm / nf	acrobat
acteur / actrice	nm / nf	actor / actress
activité	nf	activity
adjectif	nm	adjective
ado(lescent)	nm	teenager
adorer	v	to love
aéroport	nm	airport
Afrique	nf	Africa
âge	nm	age
aigle	nm	eagle
aile	nf	wing
aimer	v	to like
air	nm	air
alimentation	nf	food
allaiter	v	to feed with milk
Allemagne	nf	Germany
allemand(e)	adj	German
aller	v	to go
alligator	nm	alligator

Alpes	nf (pl)	Alps
alpinisme	nm	mountaineering
amazonien(ne)	adj	Amazonian
ami	nm	friend (boy)
amie	nf	friend (girl)
amphibien	nm	amphibian
amphithéâtre	nm	amphitheatre
amusant(e)	adj	fun
an	nm	year
ananas	nm	pineapple
ange	nm	angel
anglais(e)	adj	English
Anglais	nm	English
Angleterre	nf	England
animal	nm	animal
année	nf	year
anniversaire	nm	birthday
août	nm	August
appareil photo	nm	camera
s'appeler	v	to be called
appétit	nm	appetite
apporter	v	to bring
apprendre	v	to learn
après-midi	nm	afternoon
aquarium	nm	aquarium

arabe	*adj*	*Arabic, Arabian*
araignée	*nf*	*spider*
arbre	*nm*	*tree*
arc	*nm*	*arc*
arène	*nf*	*arena*
argent	*nm*	*money*
argenté(e)	*adj*	*silver*
arrêter	*v*	*to arrest*
art	*nm*	*art*
arts plastiques	*nm (pl)*	*art (school subject)*
Asie	*nf*	*Asia*
aspect	*nm*	*appearance*
assez	*adv*	*quite*
assis(e)	*adj*	*sitting*
attendre	*v*	*to wait*
attraction	*nf*	*attraction*
aujourd'hui	*adv*	*today*
aussi	*adv*	*as well*
Australie	*nf*	*Australia*
automne	*nm*	*autumn*
autoportrait	*nm*	*self-portrait*
avancer	*v*	*to move forward*
avec	*prep*	*with*
avis	*nm*	*opinion*
avoir	*v*	*to have*
avril	*nm*	*April*

B

babyfoot	*nm*	*table football*
baguette	*nf*	*French bread stick*
banane	*nf*	*banana*
bande dessinée	*nf*	*cartoon book*
barbecue	*nm*	*barbecue*
barque	*nf*	*rowing boat*
barre de céréales	*nf*	*cereal bar*
barrir	*v*	*to trumpet*
basket	*nm*	*basketball*
bataille	*nf*	*snap*
bateau	*nm*	*boat*
bâton de colle	*nm*	*gluestick*

batterie	*nf*	*drums*
bavard(e)	*adj*	*chatty*
bavarder	*v*	*to chat*
beau/belle	*adj*	*good-looking, beautiful, fine*
beaucoup (de)	*adv*	*a lot (of)*
belge	*adj*	*Belgian*
Belgique	*nf*	*Belgium*
béret	*nm*	*beret*
bien	*adv*	*good, well*
bientôt	*adv*	*soon*
billard	*nm*	*billiards, snooker*
blanc(he)	*adj*	*white*
bleu(e)	*adj*	*blue*
blond(e)	*adj*	*blond*
boisson	*nf*	*drink*
bon appétit!	*exclam*	*enjoy your meal!*
bon(ne)	*adj*	*good*
bonbon	*nm*	*sweet*
bonjour	*exclam*	*hello*
bonnet	*nm*	*hat*
border	*v*	*to border*
bouillabaisse	*nf*	*fish soup*
boule	*nf*	*bauble*
boules	*nf (pl)*	*boules (bowls)*
bouteille	*nf*	*bottle*
bowling	*nm*	*bowling (alley)*
branché(e)	*adj*	*trendy*
bravo!	*exclam*	*well done!*
Bretagne	*nf*	*Brittany*
se brosser les cheveux	*v*	*to brush your hair*
brun(e)	*adj*	*brown*
bûche	*nf*	*log*

C

cadeau	*nm*	*present*
café	*nm*	*café, (black) coffee*
café-crème	*nm*	*white coffee*
cage	*nf*	*cage*
calculatrice	*nf*	*calculator*

French	Type	English
camp de concentration	nm	concentration camp
campagne	nf	countryside
camping	nm	camping, campsite
Canada	nm	Canada
canadien(ne)	adj	Canadian
canal	nm	canal
canard	nm	duck
canoë-kayak	nm	canoeing
cantine	nf	canteen
capitale	nf	capital
capoeira	nf	Brazilian dance
car	conj	because
caractère	nm	character
carnivore	nm	carnivore
carotte	nf	carrot
carrefour	nm	crossroads
cartable	nm	school bag
carte	nf	card
case	nf	box
cassecroûte	nm	snack
cathédrale	nf	cathedral
catholique	adj	Catholic
cause	nf	cause
ce(tte)	adj	this
centre commercial	nm	shopping centre
centre de loisirs	nm	leisure centre
centre-ville	nm	town centre
chaise	nf	chair
chambre	nf	bedroom
champion	nm	champion
championnat	nm	championship
chance	nf	luck
chanson	nf	song
chanter	v	to sing
chanteur / chanteuse	nm / nf	singer
chapeau	nm	hat
chaque	adj	each, every
char	nm	cart
charmant(e)	adj	charming
chasser	v	to hunt
chat	nm	cat
château	nm	castle
chaud(e)	adj	hot
chemin	nm	way
cheval	nm	horse
cheveux	nm (pl)	hair
chez moi	prep	at my house
chic	adj	chic
chien	nm	dog
chips	nf (pl)	crisps
chocolat	nm	chocolate
choisir	v	to choose
chorale	nf	choir
chose	nf	thing
chouette	adj	great
chou-fleur	nm	cauliflower
cidre	nm	cider
ciel	nm	sky
ciné(ma)	nm	cinema
circuit	nm	circuit
citron	nm	lemon
classique	adj	classical
clé	nf	key
clé USB	nf	memory stick
clip vidéo	nm	video clip
clown	nm	clown
coca	nm	cola
cochonnet	nm	jack
se coiffer	v	to do your hair
collège	nm	school
colo(nie de vacances)	nf	holiday camp
combien ...?	adv	how much, how many ...?
comédie	nf	comedy
comique	adj	comical, funny
commencer	v	to start
comment	adv	how
Comment ...?	interrog	How ...?

compétition	nf	competition
comprendre	v	to understand
concert	nm	concert
console de jeux	nf	games console
constant(e)	adj	constant
cool	adj	cool
copain	nm	friend (boy)
copier	v	to copy
copine	nf	friend (girl)
corde	nf	rope
coucou!	exclam	hi!
couleur	nf	colour
cours	nm	lesson
court(e)	adj	short
couverture	nf	blanket
crapaud	nm	toad
crayon	nm	pencil
crayon de couleur	nm	colouring pencil
crêpe	nf	pancake
crête	nf	spiky hairstyle
crier	v	to scream, shout
crocodile	nm	crocodile
croquemonsieur	nm	toasted cheese and ham sandwich
crudités	nf (pl)	chopped, raw vegetables
cuisine	nf	cooking, kitchen
culture	nf	culture
curieux(-euse)	adj	curious

D

dangereux(-euse)	adj	dangerous
danse	nf	dancing
danser	v	to dance
danseur / danseuse	nm / nf	dancer
date	nf	date
dauphin	nm	dolphin
dé (s)	nm	die (dice)
début	nm	start
décéder	v	to die

décembre	nm	December
décider	v	to decide
décoration	nf	decoration
décorer	v	to decorate
découvrir	v	to discover
défaite	nf	defeat
déjeuner	nm	lunch
demi(e)	adj	half
dent	nf	tooth
départ	nm	start
dernier(-ère)	adj	last
derrière	prep	behind
dessert	nm	dessert
destruction	nf	destruction
détester	v	to hate
devant	prep	in front of
deviner	v	to guess
devinette	nf	riddle
devoirs	nm (pl)	homework
dictionnaire	nm	dictionary
différent(e)	adj	different
difficile	adj	difficult
dimanche	nm	Sunday
dinde	nf	turkey
direction	nf	direction
disparition	nf	disappearance
diurne	adj	diurnal
divers(e)	adj	varied, diverse
dominer	v	to dominate
dommage	nm	pity, shame
dormir	v	to sleep
dos	nm	back
se doucher	v	to shower
droite	nf	right
drôle	adj	funny
durée	nf	length

E

eau	nf	water
écaille	nf	scale

échecs	nm (pl)	chess
Écosse	nf	Scotland
écouter	v	to listen
écrire	v	to write
éducation	nf	education
église	nf	church
éléphant	nm	elephant
e-mail	nm	e-mail
emploi du temps	nm	timetable
en	prep	in, to, at
enchanté(e)	adj	enchanted
endroit	nm	place
enfant	nm / nf	child
ennemi	nm	enemy
ennuyeux(-euse)	adj	boring
ensuite	adv	then, next
s'entraîner	v	to train
entre	prep	between
entrée	nf	starter
envie	nf	desire
envoyer	v	to send
EPS	nf	PE
équipé(e)	adj	equipped
équitation	nf	horse-riding
escalade	nf	climbing
Espagne	nf	Spain
espèce	nf	species, kind
essentiel(le)	adj	essential
est	nm	east
Est-ce que ...?	interrog	Do ...?
et	conj	and
États-Unis	nm (pl)	United States
été	nm	summer
être	v	to be
étudier	v	to study
Europe	nf	Europe
examen	nm	exam
examiner	v	to examine
exister	v	to exist

expliquer	v	to explain
exposé	nm	talk
extinction	nf	extinction
extrême	adj	extreme
extrêmement	adv	extremely

F

facile	adj	easy
faim	nf	hunger
faire	v	to do / make
famille	nf	family
fan	nm / nf	fan
fatigant(e)	adj	tiring
fatigué(e)	adj	tired
fauve	adj	tawny
féminin(e)	adj	feminine
fêter	v	to celebrate
feutre	nm	felt-tip pen
février	nm	February
fille	nf	girl
film	nm	film
finalement	adv	finally
finir	v	to finish
fleur	nf	flower
fleuve	nm	river
flipper	nm	pinball
foie	nm	liver
fois	nf	time
fondue	nf	fondue
fonte	nf	melting
foot(ball)	nm	football
footballeur	nm	footballer
forêt	nf	forest
fou (folle)	adj	crazy, mad
fourmi	nf	ant
fraise	nf	strawberry
français(e)	adj	French
Français	nm	French
France	nf	France
franchement	adv	to be honest

francophone	adj	French-speaking
frère	nm	brother
frisé(e)	adj	curly
frites	nf (pl)	chips
froid(e)	adj	cold
fromage	nm	cheese
fruit	nm	fruit
fruits de mer	nm (pl)	seafood
funambule	nm / nf	tightrope walker

G

gagner	v	to win
galerie	nf	gallery
gant	nm	glove
garçon	nm	boy
gare	nf	(train) station
gâteau	nm	cake
gauche	nf	left
géant(e)	adj	giant
gel pailletté	nm	glitter gel
généreux(-euse)	adj	generous
génial(e)	adj	great
gens	nm (pl)	people
gentil(le)	adj	nice
géo(graphie)	nf	geography
géographique	adj	geographical
girafe	nf	giraffe
glace	nf	ice, ice-cream, mirror
glacial(e)	adj	glacial
glitter	nm	glitter
golf	nm	golf
gomme	nf	rubber
gorille	nm	gorilla
gourde	nf	water bottle
grand(e)	adj	tall, big
grand-mère	nf	grandmother
grand-père	nm	grandfather
grec(que)	adj	Greek
Grèce	nf	Greece

grenouille	nf	frog
gris(e)	adj	grey
grogner	v	to grunt, growl
grotte	nf	grotto
groupe	nm	group
guerre	nf	war
guirlandes	nf (pl)	tinsel
guitare	nf	guitar
Guyane	nf	French Guiana
gymnase	nm	gymnasium
gymnastique	nf	gymnastics

H

s'habiller	v	to get dressed
habitat	nm	habitat
habiter	v	to live
d'habitude	adv	usually
halle de glisse	nf	skate hall
hard rock	nm	hard rock
haricots verts	nm (pl)	green beans
hennir	v	to neigh
herbe	nf	grass
herbivore	nm	herbivore
heure	nf	hour, o'clock
hexagone	nm	hexagon
hippopotame	nm	hippopotamus
histoire	nf	history, story
hiver	nm	winter
hockey	nm	hockey
homme	nm	man
hôtel	nm	hotel
huître	nf	oyster
hurler	v	to howl
hyène	nf	hyena
hypercool	adj	really cool

I

ici	adv	here
idée	nf	idea
idole	nf	idol
île	nf	island

impatient(e)	adj	impatient
impoli(e)	adj	impolite
important(e)	adj	important
impressionnant(e)	adj	impressive
incendie	nm	fire
Inde	nf	India
Indochine	nf	Indo-China
informatique	nf	ICT
injustice	nf	injustice
insecte	nm	insect
instrument	nm	instrument
intelligent(e)	adj	intelligent
intéressant(e)	adj	interesting
Internet	nm	Internet
iPod	nm	iPod
Irlande	nf	Ireland
Italie	nf	Italy
italien(ne)	adj	italian

J

Jamaïque	nf	Jamaica
jambon	nm	ham
janvier	nm	January
jardin	nm	garden
jaune	adj	yellow
jet-ski	nm	jetskiing
jeu	nm	game
jeu vidéo	nm	video game
jeudi	nm	Thursday
jogging	nm	jogging
joli(e)	adj	pretty
jouer	v	to play
joueur / joueuse	nm / nf	player
jour	nm	day
journal	nm	newspaper
journaliste	nm / nf	journalist
journée	nf	day
joyeux(-euse)	adj	joyous, happy
judo	nm	judo
juillet	nm	July

juin	nm	June
jungle	nf	jungle
jus	nm	juice

K

karaoké	nm	karaoke
karting	nm	go-karting
kit	nm	kit
kleenex	nm (pl)	tissues
koala	nm	koala

L

lac	nm	lake
lagune	nf	lagoon
lait	nm	milk
lampe	nf	lamp
lancer	v	to throw
latin	nm	Latin
se laver	v	to wash yourself
légume	nm	vegetable
leur	pron	their
lézard	nm	lizard
limonade	nf	lemonade
lion de mer	nm	sealion
lit	nm	bed
livre	nm	book
Londres	npr	London
long(ue)	adj	long
loup	nm	wolf
lourd(e)	adj	heavy
lundi	nm	Monday
lune	nf	moon
lunettes de soleil	nf (pl)	sunglasses
lutte	nf	wrestling
Luxembourg	nm	Luxembourg
lycée	nm	college, sixth form

M

MacDo	nm	McDonald's
madame	nf	madam
mademoiselle	nf	miss

magasin	*nm*	shop		meugler	*v*	to moo
magazine	*nm*	magazine		meute	*nf*	pack
magique	*adj*	magic(al)		Mexique	*nm*	Mexico
mai	*nm*	May		miam-miam!	*exclam*	yummy!
mais	*conj*	but		midi	*nm*	midday
maison	*nf*	house		Midi	*nm*	South of France
mal	*adv*	badly		milliardaire	*nm / nf*	multi-millionaire
mâle	*nm*	male		mi-long(ue)	*adj*	medium-length
mammifère	*nm*	mammal		minuit	*nm*	midnight
Manche	*nf*	English Channel		miroir	*nm*	mirror
manège	*nm*	merry-go-round		mode	*nf*	fashion
manga	*nm*	manga		moderne	*adj*	modern
manger	*v*	to eat		modeste	*adj*	modest
mangue	*nf*	mango		moi	*pron*	myself, me
manquer	*v*	to be missing		moins	*prep*	minus, less
se maquiller	*v*	to put on make-up		monde	*nm*	world
marché	*nm*	market		monsieur	*nm*	sir
mardi	*nm*	Tuesday		montagne	*nf*	mountain
marmotte	*nf*	marmot		monter	*v*	to climb
Maroc	*nm*	Morocco		montgolfière	*nf*	hot-air balloon
marrant(e)	*adj*	funny		montre	*nf*	watch
marron	*adj*	brown		monument	*nm*	monument
mars	*nm*	March		mot	*nm*	word
masculin(e)	*adj*	masculine		mot de passe	*nm*	password
match	*nm*	match		moteur de recherche	*nm*	search engine
mathématiques (maths)	*nf (pl)*	maths		mouchoir	*nm*	handkerchief
matière	*nf*	subject		mousse	*nf*	mousse
matin	*nm*	morning		moustache	*nf*	moustache
mèches	*nf (pl)*	highlights		MP3	*nm*	MP3 player
Méditerranée	*nf*	Mediterranean		musculation	*nf*	weight training
meilleur(e)	*adj*	best		musée	*nm*	museum
menace	*nf*	threat		musicien / musicienne	*nm / nf*	musician
mentionner	*v*	to mention		musique	*nf*	music
mer	*nf*	sea		musulman(e)	*adj*	Muslim
merci	*exclam*	thank you		mystère	*nm*	mystery
mercredi	*nm*	Wednesday		mystérieux(-euse)	*adj*	mysterious
mère	*nf*	mother				

N

nager	*v*	to swim
naissance	*nf*	birth

messe	*nf*	mass
mètre	*nm*	metre

natation	nf	swimming	
nationalité	nf	nationality	
nature	nf	nature	
naturel(le)	adj	natural	
né(e)	pp adj	born	
neige	nf	snow	
Nintendo	nf	Nintendo	
nocturne	adj	nocturnal	
Noël	nm	Christmas	
noir(e)	adj	black	
nom	nm	name, noun	
non	adv	no	
nord	nm	north	
nord-ouest	nm	north-west	
normalement	adv	normally	
nouveau / (nouvelle)	adj	new	
novembre	nm	November	
nuit	nf	night	
nul(le)	adj	rubbish	
numéro	nm	number	

O

observer	v	to observe	
occupation	nf	occupation	
océan	nm	ocean	
octobre	nm	October	
officiel(le)	adj	official	
oiseau	nm	bird	
oncle	nm	uncle	
opinion	nf	opinion	
orange	nf	orange	
orange	adj	orange	
ordi(nateur)	nm	computer	
organisation	nf	organisation	
original(e)	adj	original	
orque	nf	killer whale	
orthographe	nf	spelling	
ou	conj	or	
où	adv	where	
ouest	nm	west	

oui	exclam	yes	
ours	nm	bear	
ovipare	adj	egg-laying	

P

panda	nm	panda	
papier	nm	paper	
papillon	nm	butterfly	
paquet	nm	packet	
par	prep	per	
parc	nm	park	
parc d'attractions	nm	theme park	
parce que	conj	because	
pardon	exclam	excuse me	
parents	nm (pl)	parents	
se parfumer	v	to put on perfume, aftershave	
parkour	nm	parkour	
parler	v	to talk, speak	
parmi	prep	among	
à part	adv	apart from	
partager	v	to share	
pas	adv	not	
pas du tout	adv	not at all	
passer	v	to spend	
passetemps	nm	hobby	
passion	nf	hobby	
patin à glace	nm	ice-skating	
patinoire	nf	ice rink	
pays	nm	country	
pays de Galles	nm	Wales	
pêche	nf	peach, fishing	
peintre	nm	painter	
pélican	nm	pelican	
pendant	prep	during	
penser	v	to think	
perdre	v	to lose	
père	nm	father	
permanence	nf	supervised study period	

perruche	nf	budgie		polluer	v	to pollute
personne	nf	person		pomme	nf	apple
perte	nf	loss		pomme de terre	nf	potato
pétanque	nf	boules (bowls)		porc-épic	nm	porcupine
petit(e)	adj	small		port	nm	port
peu	nm	bit		portable	nm	mobile phone
peut-être	adv	perhaps		portemonnaie	nm	purse
philosophie	nf	philosophy		porter	v	to wear, carry
phoque	nm	seal		Portugal	nm	Portugal
photo	nf	photo		poulet	nm	chicken
photographie	nf	photography		pourquoi	adv	why
physique	adj	physical		pourtant	adv	yet
pingouin	nm	penguin		pouvoir	v	to be able
ping-pong	nm	table tennis		précisément	adv	precisely
pion	nm	piece		prédateur	nm	predator
piqueniquer	v	to picnic		préféré(e)	adj	favourite
pirate	nm	pirate		se préparer	v	to get yourself ready
piscine	nf	swimming pool				
pizza	nf	pizza		président	nm	president
placer	v	to place		presque	adv	almost, nearly
plage	nf	beach		prêt(e)	adj	ready
plaine	nf	plain		principal(e)	adj	main
planche à voile	nf	windsurfing		prix	nm	price
planète	nf	planet		problème	nm	problem
plante	nf	plant		prof(esseur)	nm / nf	teacher
plat	nm	dish, main course		professionnel(le)	adj	professional
plat(e)	adj	flat		promenade	nf	walk, trip
plateau	nm	plateau		prononciation	nf	pronunciation
PlayStation	nf	PlayStation		protéger	v	to protect
pleuvoir	v	to rain		pseudo	nm	nickname, username
plongée sous-marine	nf	scuba-diving				
plume	nf	feather		puis	adv	then, next
pluriel(le)	adj	plural		pull	nm	jumper
poème	nm	poem		purée	nf	mash
poésie	nf	poetry		Pyrénées	nf (pl)	Pyrenees
poisson	nm	fish				
poitrine	nf	chest				
polaire	adj	polar				
poli(e)	adj	polite				

Q

Qu'est-ce que ...?	interrog	What ...?
quad	nm	quad biking
quand	adv	when

Quand ...?	*interrog*	*When ...?*
quart	*nm*	*quarter*
québécois(e)	*adj*	*from Quebec (French-Canadian)*
quel(le)	*adj*	*what*
Quel(le) ...?	*interrog*	*What?*
quelquefois	*adv*	*sometimes*
Qu'est-ce que...?	*adv*	*What is...?*
questionnaire	*nm*	*questionnaire*
qui	*pron*	*who*
Qui ...?	*interrog*	*Who?*

R

racisme	*nm*	*racism*
rafting	*nm*	*rafting*
raide	*adj*	*straight*
raison	*nf*	*reason*
rando(nnée)	*nf*	*hike, long walk*
rap	*nm*	*rap*
râpé(e)	*adj*	*grated*
se raser	*v*	*to shave*
rayure	*nf*	*stripe*
recherche	*nf*	*research*
rechercher	*v*	*to research*
récré(ation)	*nf*	*breaktime*
regarder	*v*	*to watch*
région	*nf*	*region*
régional(e)	*adj*	*regional*
règle	*nf*	*ruler*
rencontrer	*v*	*to meet*
reptile	*nm*	*reptile*
résistance	*nf*	*resistance*
respect	*nm*	*respect*
restaurant	*nm*	*restaurant*
rester	*v*	*to stay*
retrouver	*v*	*to meet*
rêve	*nm*	*dream*
ricaner	*v*	*to snigger, sneer*
rigoler	*v*	*to have a laugh*
rigolo(te)	*adj*	*funny*

rivière	*nf*	*river*
riz	*nm*	*rice*
roller	*nm*	*roller-skating*
romain(e)	*adj*	*Roman*
rose	*adj*	*pink*
rouge	*adj*	*red*
roux (rousse)	*adj*	*red, ginger*
royaume	*nm*	*kingdom*
rugby	*nm*	*rugby*
rugir	*v*	*to roar*

S

sable	*nm*	*sand*
sac	*nm*	*bag*
sac de couchage	*nm*	*sleeping bag*
salade	*nf*	*salad*
salaire	*nm*	*salary*
salamandre	*nf*	*salamander*
salle	*nf*	*room, hall*
samedi	*nm*	*Saturday*
sandwich	*nm*	*sandwich*
sang	*nm*	*blood*
sapin	*nm*	*(Christmas) fir tree*
saucisse	*nf*	*sausage*
sauf	*prep*	*except*
sauvage	*adj*	*wild*
saxophone	*nm*	*saxophone*
science-fiction	*nf*	*science fiction*
sciences	*nf (pl)*	*science*
scolaire	*adj*	*school*
semaine	*nf*	*week*
septembre	*nm*	*September*
serpent	*nm*	*snake*
sévère	*adj*	*strict*
shopping	*nm*	*shopping*
si	*conj*	*if*
siège	*nm*	*seat*
siffler	*v*	*to hiss, whistle*
singe	*nm*	*monkey*
singulier(-ère)	*adj*	*singular*

skate	nm	skateboarding
ski	nm	skiing
ski nautique	nm	water-skiing
SMS	nm (pl)	texts
snowboard	nm	snowboarding
sociable	adj	sociable
sœur	nf	sister
soif	nf	thirst
soir	nm	evening
soleil	nm	sun
solitaire	adj	solitary
sondage	nm	survey
sorbet	nm	sorbet
sortie	nf	outing
sortir	v	to go out
soucoupe	nf	saucer
soupe	nf	soup
sous	prep	under
souvent	adv	often
spaghettis	nm (pl)	spaghetti
spécialité	nf	speciality
spéléologie	nf	pot-holing
sport	nm	sport
sportif	nm	sportsman
sportif(-ve)	adj	sporty
sportive	nf	sportswoman
stade	nm	stadium
steak	nm	steak
steak haché	nm	beefburger
stylo	nm	pen
sud	nm	south
Suisse	nf	Switzerland
super	adj	great
sur	prep	on
surf	nm	surfing
surfer	v	to surf
surligneur fluo	nm	fluorescent highlighter
survie	nf	survival

suspendu(e)	pp adj	suspended
sympa	adj	nice

T

tableau	nm	painting
tableau noir	nm	blackboard
tablette	nf	bar
de taille moyenne	adj	medium height
talent	nm	talent
tante	nf	aunt
tard	adv	late
tarte	nf	tart
tchat	nm	chat
tchatter	v	to chat
technologie	nf	technology
tecktonick	nf	tecktonik (dance)
télé(vision)	nf	TV, television
télécharger	v	to download
téléphoner	v	to phone
température	nf	temperature
temps	nm	time
de temps en temps	adv	from time to time
tennis	nm	tennis
tennis de table	nm	table tennis
tente	nf	tent
terre	nf	land, earth
tête	nf	head
thé	nm	tea
théâtre	nm	theatre, drama
thon	nm	tuna
ticket	nm	ticket
tigre	nm	tiger
tir à l'arc	nm	archery
toboggan	nm	slide
tomate	nf	tomato
top	nm	great
tortue	nf	tortoise
toucher	v	to touch
toujours	adv	always
tour	nm	turn, tour

tour	nf	tower
tous les jours	adv	every day
tous les soirs	adv	every evening
tout(e)	adj	all
tout droit	adv	straight on
tout le temps	adv	all the time
traditionnel(le)	adj	traditional
train	nm	train
traineau à chiens	nm	dog sleigh
traîner	v	to hang out, pull, drag
trampoline	nm	trampoline
travail	nm	work
travailler	v	to work
très	adv	very
triathlon	nm	triathlon
trop	adv	too
tropique	nm	tropic
trou	nm	hole
trousse	nf	pencil case
trouver	v	to find
truite	nf	trout
Tunisie	nf	Tunisia
typhus	nm	typhoid

U

université	nf	university

V

vacances	nf (pl)	holidays
vague	nf	wave
vanille	nf	vanilla
végétarien(e)	adj	vegetarian
veille	nf	eve
vélo	nm	bike, cycling
vendredi	nm	Friday
venimeux(-euse)	adj	poisonous
venir	v	to come
verbe	nm	verb
verre	nm	glass
vert(e)	adj	green

vertébré	nm	vertebrate
viande	nf	meat
vie de classe	nf	form period
vignoble	nm	vineyard
village	nm	village
ville	nf	town
violence	nf	violence
violet(te)	adj	purple
visiter	v	to visit
vivre	v	to live
voilà!	exclam	there you are!
voile	nf	sailing
voir	v	to see
voiture	nf	car
voix	nf	voice
volant(e)	adj	flying
volleyball	nm	volleyball
vouloir	v	to want
voyage	nm	journey
vrai(e)	adj	true
vraiment	adv	really
VTT	nm	mountain biking

W

weekend	nm	weekend
Wii	nf	Wii

X

Xbox	nf	Xbox

Y

yaourt	nm	yoghurt
yeux	nm (pl)	eyes
yoga	nm	yoga
youpi!	exclam	hooray!

Z

zèbre	nm	zebra

À trois/quatre.	In threes/fours.
Associe (les chiffres et les mots/ les images et les phrases).	Match (the numbers and the words/ the images and the sentences).
Change les détails soulignés.	Change the underlined information.
Chante.	Sing.
Cherche (l'intrus).	Find (the odd one out).
Choisis (un contexte/la phrase correcte/ un titre/la bonne réponse).	Choose (a context/the right sentence/a title/ the right answer).
Compare avec ton/ta camarade.	Compare with your partner.
Complète (le dialogue/le texte/les phrases/ la traduction/le tableau).	Complete (the dialogue/the text/the sentences/ the translation/the grid).
Copie (les phrases).	Copy (the sentences).
Corrige (les phrases absurdes/les phrases fausses/les erreurs).	Correct (the nonsense sentences/ the incorrect sentences/the mistakes).
Décris (le tableau/une ville/les villes).	Describe (the painting/a town/the towns).
Demande ...	Ask ...
Dessine ...	Draw ...
Dévine ...	Guess ...
Discute.	Discuss.
Donne (les informations/ton avis/ton opinion).	Give (details/your opinion).
Écoute (les interviews/les opinions/ les questions).	Listen to (the interviews/the opinions/ the questions).
Écoute à nouveau.	Listen again.
Écris (la bonne lettre/les bonnes lettres/ le bon nom).	Write (the correct letter/the correct letters/ the right name).
En groupe/tandem.	In groups/pairs.
Explique ...	Explain ...
Fais (une liste/un dialogue/une conversation).	Make (a list/a dialogue/a conversation).
Fais attention!	Pay attention!/Watch out!
Identifie ...	Identify ...
Interviewe ton/ta camarade.	Interview your partner.
Jeu de mémoire.	Memory game.
Lis (les phrases/les textes) à voix haute.	Read (the sentences/the texts) out loud.
Lis (l'e-mail/ l'exposé/le blog/le texte/le tchat/ les phrases).	Read (the e-mail/the presentation/the blog/ the text/the chat/the sentences).
Mets (les images/les phrases) dans le bon ordre.	Put (the pictures/the sentences) in the right order.
Note (la bonne lettre/le bon mot).	Note (the right letter/the right word).
Pose des questions.	Ask questions.
Prends des notes en anglais.	Write notes in English.
Prépare (un exposé/des phrases).	Prepare (a presentation/some sentences).
Présente-toi!	Present yourself!
Que ...?	What ...?
Qui est-ce?	Who is it?
Regarde (la carte/le texte/les images/le plan).	Look at (the map/the text/the pictures/the plan).
Relis (le texte/les textes).	Reread (the text/the texts).
Remplis le tableau.	Fill in the grid.
Répète.	Repeat.
Réponds.	Respond.
Termine (les phrases).	Finish (the sentences).
Traduis les phrases en anglais.	Translate the sentences into English.
Travaillez à trois.	Work in threes.
Trouve (la bonne image/les phrases).	Find (the right picture/the sentences).
Utilise (les images/les questions/les verbes).	Use (the pictures/the questions/the verbs).
Vérifie ...	Check ...